二十一世纪普通高等教育人才培养"十三五"系列教材

U0955807

会计电算化应用能力训练

Kuaiji Diansuanhua Yingyong Nengli Xunlian

主　编　范时云
副主编　王　蕾　莫碧霞　夏唐兵　盛香林

西南财经大学出版社
中国 · 成都

图书在版编目(CIP)数据

会计电算化应用能力训练/ 范时云主编 .—成都:西南财经大学出版社,2021.8
ISBN 978-7-5504-4921-3

Ⅰ.①会… Ⅱ.①范… Ⅲ.①会计电算化 Ⅳ.①F232

中国版本图书馆 CIP 数据核字(2021)第 113328 号

会计电算化应用能力训练

主　编　范时云
副主编　王　蕾　莫碧霞　夏唐兵　盛香林

策划编辑:李特军　李晓嵩
责任编辑:李特军
封面设计:张姗姗
责任印制:朱曼丽

出版发行	西南财经大学出版社(四川省成都市光华村街 55 号)
网　　址	http://cbs. swufe. edu. cn
电子邮件	bookcj@ swufe. edu. cn
邮政编码	610074
电　　话	028-87353785
照　　排	四川胜翔数码印务设计有限公司
印　　刷	郫县犀浦印刷厂
成品尺寸	185mm×260mm
印　　张	16. 75
字　　数	387 千字
版　　次	2021 年 8 月第 1 版
印　　次	2021 年 8 月第 1 次印刷
印　　数	1— 3000 册
书　　号	ISBN 978-7-5504-4921-3
定　　价	38. 00 元

编审委员会

序

2015年，教育部发布《关于引导部分地方普通本科高校向应用型转变的指导意见》（教发〔2015〕7号）。自此，我国高校教育工作者对如何办好应用型本科教育进行了不懈的探索。从宏观层面看，他们对应用型本科办学定位、办学指导思想和办学理念等方面进行了理论研究和实践探索；从中观层面看，他们对应用型本科的人才培养理念、人才培养目标定位、人才培养模式、人才培养规格、人才培养方案设计、产学研合作等进行了研究与实践；从微观层面看，他们对应用型本科专业教学模式、课程设计、教学方法、教材开发、实践教学等进行了创新研究与实践。这些研究与实践，在一定程度上统一了教师教育教学思想，有效推进了应用型本科高校教育教学改革、办学成果的形成和办学特色的培育。

目前，在应用型本科教育教学中，还存在不少需要深入研究与不断实践解决的问题，如①实践教学仍然落实不到位、效果不佳的问题，教师教学理念有待进一步更新。不少教师虽然口头上重视实践教学，但由于其所受教育以理论教学及其研究为主，于是自觉不自觉地以理论教学为重，将实践教学当作理论教学的补充和附属，其结果是学校实践教学的内容大多是对理论知识的验证，并非培养学生应用能力的技术训练，导致实践教学的效果不佳。②不少教师尤其是青年教师自身专业实践能力不足的问题。高校在学位上要求教师具有硕士学位、博士学位，不少青年教师从学校到学校，缺少行业企业实践经历。③人才培养方案中的实践教学课程体系构建问题。有的专业课程体系是以学科为逻辑起点构建的，对人才培养的理论课程体系与实践课程体系缺乏必要的研究，有的专业对必要的理论课程重视不够。在这种情况下，实践教学即使得到了重视，效果也可能仍然不好，培养出来的学生虽然能够较快地适应一般的岗位工作，但后劲不足，难以得到较快的成长。④学科专业校内实践教学平台构建问题、理实一体化课程中实践教学效果问题、产学研合作平台构建与作用发挥问题等。

由此看来，应用型本科教育应构建适应应用型本科教育的、而且有别于传统本科教育的理论教学课程体系和实践教学课程体系，其中实践教学课程体系的构建尤为重要。这不仅需要从事应用型本科教育的教师进行系统的研究和实践，还需要行业企业的实际工作者积极参与，由教育专家和行业专家共同完成这一体系的构建。

在应用型本科教育领域，有一批教师在坚持不懈地进行实践课程教学的研究与实践，并取得了一定的研究与实践成果。广州商学院会计学院的老师们积极投入这一研究与实践中，他们结合会计教学实践，基于应用型本科教育特点，根据高素质应用型人才培养目标的需要，开发了这套会计应用能力训练系列教材。这套教材由《基础会计应用能力训练》《财务会计应用能力训练》《成本会计应用能力训练》《会计电算化应用能力训练》《纳税申报应用能力训练》《会计综合应用能力训练》《会计顶岗实操》等组成，形成了会计应用能力训练三级递进的教材体系。这一系列教材的出版发行和在教学中的运用，实现了在会计应用人才的培养上，从入校到毕业的全程培养，从低级到高级的系统培养，从专项到实战的科学培养，有助于培养高素质应用型会计人才。

会计应用能力训练系列教材编审委员会

2020 年 10 月 18 日

▶▶ 前言

本书是在学完“财务会计”“会计信息系统”或“会计电算化”后，且已掌握会计电算化的基本原理、基本方法及通用财务软件的基本操作的基础上，模拟对企业发生的2个月的经济业务进行会计电算化全盘账务处理，这涉及总账、薪资管理、固定资产管理、应收款管理、应付款管理等子系统的综合应用，突出综合性、应用性，零距离仿真企业会计账务处理，原始凭证高度仿真，图文并茂，循序渐进。根据不同的业务在不同的子系统中进行分岗操作，掌握相关技巧，达到举一反三的效果。以往较多会计电算化实验教材，根据各子系统进行分项实验，没有形成综合性。本教材运用完整的企业经济业务，使各子系统相互联系起来，打破了以往会计电算化实验教学中各子系统的孤岛现象。为了进一步提高学生会计电算化的专业动手能力、熟练全盘账务处理，“会计电算化综合实验”课程组对多年的会计理论课程和实践课程的教学经验进行总结，采用原始凭证直接进行账务处理，以用友财务软件U8V.10为应用平台，花费了大量时间进行资料收集、调研、设计，整理出了符合企业会计准则的相关实训内容，编写了本实验教材，力图为学生打通就业最后的关键环节。

本书适合于高等院校、中职学校会计、财务管理、审计等经济管理类专业学生及社会人士学习。全书共分为五个部分：第一部分会计电算化综合业务实验初始资料，第二部分会计电算化综合业务实验要求，第三部分模拟实验企业2019年1月的经济业务，第四部分模拟实验企业2019年2月的经济业务，第五部分会计电算化综合业务实验部分难点操作指南。

本书具有以下几个方面的优势：

（1）综合应用性强。通过完整地对模拟实验企业2个月的经济业务进行全盘账务处理，以经济业务去寻找应用子系统，定财务岗位，以经济业务为线索，进行各子系统的综合应用。

（2）精心设计特殊业务。在案例业务中，特意地设计一些无需进行会计处理的特殊务业或难度较大的业务，增强学生的会计确认辨别能力和数据分析能力。

（3）手工实验和财务软件实验选择性灵活。本教材所编写的实验项目的案例既可以进行手工会计实验，如填写记账凭证、记账、编制会计报表等，还可以应用通用财务软件进行实验。各高校可根据自身的情况和学时选择手工或者软件，也可以双重实验，使教材更具灵活性。

（4）突破以往传统会计实训教材的模块实验、单月实验。本教材以 2 个月的经济业务进行实验，具有业务的连续性，可以让学生得到对结账的真正体验。以经济业务定岗位实验，比模块单项实验更贴近工作实际。以仿真度极高的原始凭证为依据，进行电算化账务处理，有利于学生按会计实际工作来思考经济业务的会计确认、计量和报告。

本教材在编写过程中，得到了企业会计行家及专家学者的指导和帮助，在此我们表示衷心的感谢！

另外，教材案例中所有的企业名称、企业资料、单据数据和各种印章都是虚构的，仅供实训案例使用，如有雷同，纯属巧合。

由于编者的水平有限，加之时间仓促，书中不完善及错漏之处难免，敬请广大读者和会计界同仁批评指正。

编者

2021 年 8 月

目录

第一部分

会计电算化综合业务实验初始资料

一、模拟企业简介

（一）基本情况

企业名称：楚隆机械有限责任公司

法定代表人：宋平武

注册资金：8 000 万元

经营地址：楚隆市双塔区邵口路 86 号

机构设置：生产系统设有 2 个基本生产车间，即机加工车间和装配车间；设有 2 个辅助生产车间，即机修车间和配电车间。各车间均采用公司内部独立核算方式。

（二）财务部门的设置及人员分工（见表 1-1）

表 1-1　财务部门的设置及人员分工

编号	姓名	口令	认证方式	所属部门	角色	账务分工
001	刘刚	01	用户+口令（传统）	财务部	账套主管	财务主管
002	王达	02	用户+口令（传统）	财务部	总账会计	报表编制
003	邓小梅	03	用户+口令（传统）	财务部	出纳	现金、银行日记账管理
004	罗芳	04	用户+口令（传统）	财务部	总账会计	制单与凭证管理
005	史毅	05	用户+口令（传统）	财务部	总账会计	审核
006	谢高红	06	用户+口令（传统）	财务部	总账会计	记账
007	刘文华	07	用户+口令（传统）	财务部	成本会计	成本管理

表1-1(续)

编号	姓名	口令	认证方式	所属部门	角色	账务分工
008	张志鸿	08	用户+口令（传统）	财务部	出纳	银行对账
009	邓超	09	用户+口令（传统）	财务部	资产管理	材料、库存商品核算
010	刘琳	10	用户+口令（传统）	财务部	资产管理	固定资产核算
011	张元清	11	用户+口令（传统）	财务部	薪酬经理	资薪管理
012	刘志勇	12	用户+口令（传统）	财务部	应收会计、应付会计	应收款管理和应付款管理

（三）企业机构设置及人员档案（见表 1-2、表 1-3、表 1-4）

表 1-2　部门档案信息

部门编码	部门名称	负责人	部门属性
1	管理中心	陈斌	管理部门
101	总经理办公室	范伟平	综合管理
102	人力资源部	刘海涛	人力资源管理
103	财务部	刘刚	财务管理
104	总经理室	陈斌	综合管理
2	销售中心	蒲吉元	销售管理
3	采购中心	罗志军	采购管理
4	技术中心	肖玉林	技术研发
5	生产中心	陈楚军	生产加工
501	经理室	陈楚军	综合管理
502	机加工车间	刘志光	生产加工
503	装配车间	梁华晶	生产加工
504	机修车间	赵海光	生产加工
505	配电车间	肖遥春	生产加工

表 1-3　人员类别

分类编码	分类名称
1001	企业管理人员
1002	车间管理人员
1003	销售人员
1004	采购人员

表1-3(续)

分类编码	分类名称
1005	开发人员
1006	生产工人（A01）
1007	生产工人（A02）
1008	机修工人
1009	配电工人

表 1-4　职员档案信息

职员编码	职员姓名	性别	所属部门	职员属性	职员类别	是否业务员
101	陈斌	男	总经理室	总经理	企业管理人员	是
102	范伟平	男	总经理办公室	主任	企业管理人员	是
103	刘刚	男	财务部	财务经理	企业管理人员	是
104	王达	男	财务部	财务主管	企业管理人员	是
105	邓小梅	女	财务部	出纳	企业管理人员	是
106	罗芳	女	财务部	会计	企业管理人员	是
107	史毅	女	财务部	会计	企业管理人员	是
108	谢高红	女	财务部	会计	企业管理人员	是
109	刘文华	女	财务部	出纳	企业管理人员	是
110	张志鸿	男	财务部	出纳	企业管理人员	是
111	邓超	男	财务部	会计	企业管理人员	是
112	刘琳	女	财务部	会计	企业管理人员	是
113	张元清	男	财务部	会计	企业管理人员	是
114	刘志勇	男	财务部	会计	企业管理人员	是
115	刘海涛	男	人力资源部	经理	企业管理人员	是
116	张超军	男	人力资源部	职员	企业管理人员	是
201	蒲吉元	男	销售中心	经理	企业管理人员	是
202	张艳丽	女	销售中心	业务员	销售人员	是
301	罗志军	男	采购中心	经理	企业管理人员	是
302	黄超	男	采购中心	采购员	采购人员	是
401	肖玉林	男	技术中心	经理	企业管理人员	是
402	张帅	男	技术中心	开发员	开发人员	是
501	陈楚军	男	生产中心	经理室	企业管理人员	是
502	刘志光	男	机加工车间	车间主管	车间管理人员	是
503	史志红	男	机加工车间	工人（A01）	生产工人（A01）	是

表1-4(续)

职员编码	职员姓名	性别	所属部门	职员属性	职员类别	是否业务员
522	梁华晶	男	装配车间	车间主管	车间管理人员	是
523	熊磊	男	装配车间	工人（A02）	生产工人（A02）	是
539	赵海光	男	机修车间	车间主管	车间管理人员	是
540	江积成	男	机修车间	机修工人	机修工人	是
545	肖遥春	男	配电车间	车间主管	车间管理人员	是
546	颜国立	男	配电车间	配电工人	配电工人	是
544	李雄飞	男	机修车间	机修工人	机修工人	是
548	李冰玉	男	配电车间	配电工人	配电工人	是

（四）结算方式（见表 1-5）

表 1-5　常用结算方式

结算方式编码	结算方式名称	票据管理
01	现金	否
02	现金支票	是
03	转账支票	是
04	电汇	否
05	信汇	否
06	委托收款	否
07	银行承兑汇票	否
08	商业承兑汇票	否
09	其他	否

（五）外币信息资料

企业外贸业务使用外币为美元，汇率方式为固定汇率，1 月初记账汇率为 1 美元=6.70 元人民币。

（六）地区、客户和供应商分类信息（见表 1-6、表 1-7、表 1-8）

表 1-6　地区分类信息

地区编码	地区名称
01	国内
01001	广州
01002	大连
01003	巴江
01004	武汉
01005	南昌
01006	合肥
01007	南宁
01008	长沙

表 1-7　客户分类信息

分类编码	分类名称
01	批发
02	零售
03	代销
04	专柜

表 1-8　供应商分类信息

01	原料供应商
02	成品供应商
03	周转材料供应商

（七）客户档案和供应商档案（见表 1-9、表 1-10）

表 1-9　客户档案信息

客户编号	客户简称	客户名称	所属分类码	税号	所属地区	开户银行	银行账号	地址	分管部门
001	南方机电	南方机电公司	01	325687415014521	01001	工行	486385626078889	地址 A	销售中心
002	南昌机电	南昌机电公司	01	325687415014743	01005	工行	356685626078665	地址 B	销售中心
003	市机床公司	市机床经销公司	02	325687415016458	01001	工行	566253680345386	地址 C	销售中心
004	大连重机	大连重型机械厂	02	325687413204521	01002	工行	266385466078862	地址 D	销售中心
005	长沙机电	长沙机电公司	02	325687423014524	01008	工行	336385626078889	地址 E	销售中心

表 1-10　供应商档案信息

供应商编号	供应商名称	供应商简称	法定代表人	所属分类	所属地区	税号	开户银行	银行账号	分管部门	地址
001	市钢铁公司一分厂	市钢铁一分厂	王根生	01	0101	362122670636587	工行	566253680345679	采购中心	地址 F
002	巴江机电厂	巴江机电	刘承德	01	0103	425687426013756	工行	455253680345633	采购中心	地址 G
003	市轴承厂	市轴承	陈大志	01	0101	362122670578942	工行	566253680378956	采购中心	地址 H
004	升达轴承厂	升达轴承	江春林	01	0101	325687415016458	工行	266553680345679	采购中心	地址 I
005	武汉钢厂	武汉钢厂	顾志军	01	0104	455685672345856	工行	756253680358979	采购中心	地址 J

（八）存货信息（见表 1-11、表 1-12、表 1-13、表 1-14）

表 1-11　存货分类信息

存货分类编码	存货分类名称
01	原材料
0101	主要原料及材料
010101	钢管
010102	原铁
010103	木炭
010104	优煤
0102	外购半成品
010201	外壳
010202	固定架
0103	辅助材料
010301	涂料

表1-11(续)

存货分类编码	存货分类名称
02	周转材料
0201	工作保护品
020101	工作服
020102	劳保鞋
020103	耐热手套
0202	附件
020201	勾板手
020202	法兰盘
020203	螺钉
0203	专用工具
0204	包装箱
03	库存商品
0301	A01 产品
0302	A02 产品

表 1-12 计量单位组

计量单位组编号	计量单位组名称	计量单位组类别
01	无换算关系	无换算率

表 1-13 计量单位

计量单位编号	计量单位名称	所属计量单位组名称
01	吨	无换算关系
02	个	无换算关系
03	千克	无换算关系
04	套	无换算关系
05	双	无换算关系
06	副	无换算关系
07	盒	无换算关系
08	把	无换算关系
09	辆	无换算关系
10	台	无换算关系

表 1-14　存货档案信息

存货编码	存货名称	所属分类	计量单位	是否内销	是否外销	是否外购	是否自制	是否生产消耗用
0001	钢管	010101	吨	是	是	是	否	是
0002	原铁	010102	吨	是	是	是	否	是
0003	木炭	010103	吨	是	是	是	否	是
0004	优煤	010104	吨	是	是	是	否	是
0005	外壳	010201	个	是	是	是	否	是
0006	固定架	010202	个	是	是	是	否	是
0007	涂料	010301	千克	是	是	是	否	是
0008	工作服	020101	套	是	是	是	否	是
0009	劳保鞋	020102	双	是	是	是	否	是
0010	耐热手套	020103	副	是	是	是	否	是
0011	勾扳手	020201	个	是	是	是	否	是
0012	法兰盘	020202	个	是	是	是	否	是
0013	螺钉	020203	盒	是	是	是	否	是
0014	专用工具	0203	把	是	是	是	否	是
0015	包装箱	0204	个	是	是	是	否	是
0016	A01 产品	0301	台	是	是	是	是	是
0017	A02 产品	0302	台	是	是	是	是	是

（九）项目档案信息

广昌机械有限责任公司项目档案资料如下所示：

项目大类：在建工程

项目分类：1 自建工程　2 承包工程

项目目录：013 号机加工车间　02 宿舍楼（办公楼、宿舍楼均为自建工程）03 锅炉改造（承包工程）

（十）业务控制总账参数

填制记账凭证时，采用序时控制（不能倒流）进行支票管理与资金及往来赤字控制，客户往来款项在应收款管理中核算，供应商往来款项在应付款系统核算，制单权限不能控制到科目，不可修改他人填制的凭证，凭证审核时控制到操作员，由出纳填制的凭证必须经出纳签字。凭证须经主管会计签字，进行现金流量项目控制处理。

（十一）凭证类型信息（见表 1-15）

表 1-15　凭证类型信息

类型	限制类型	限制科目
收款凭证	借方必有	1001, 1002
付款凭证	贷方必有	1001, 1002

表1-15(续)

类型	限制类型	限制科目
转账凭证	凭证必无	1001, 1002
机制凭证	无限制	

（十二）会计期间及模拟实训业务期间

会计期间为2019年1月1日至2019年12月31日，模拟实训业务期间为2019年1月1日至2019年2月28日。

（十三）其他资料

企业为一般纳税人，增值税登记识别号为564325670654778，各种税率均按现行税法执行。企业所在城市为一虚拟直辖市，纯属虚构。

企业开户银行为中国工商银行双塔办事处；账号为4432566253680345679。

银行预留印鉴见图1-1。

图1-1　银行预留印鉴

（十四）材料核算程序

材料按计划价核算，由公司集中采购、保管，并实行账卡分设管理模式，材料明细账由财务部门的材料核算员登记，采用每月编制“收料汇总表”和“发料汇总表”的方式登记材料总账并调整材料成本差异。

（十五）生产费用归集和成本计算程序

产品成本采用平行结转分步法，各分厂只计算应计入全公司最终完工产品的份额，最后由公司汇总计算出完工产品的总成本和单位成本。销售成本的结转采用全月加权平均法，辅助生产成本分配采用直接分配法。

（十六）生产工艺流程（见图1-2、图1-3）

该公司的最终产品是A01产品和A02产品。两个基本生产分厂顺序加工，产品主体由上一分厂提供，外壳、固定架等配件直接从仓库领用。

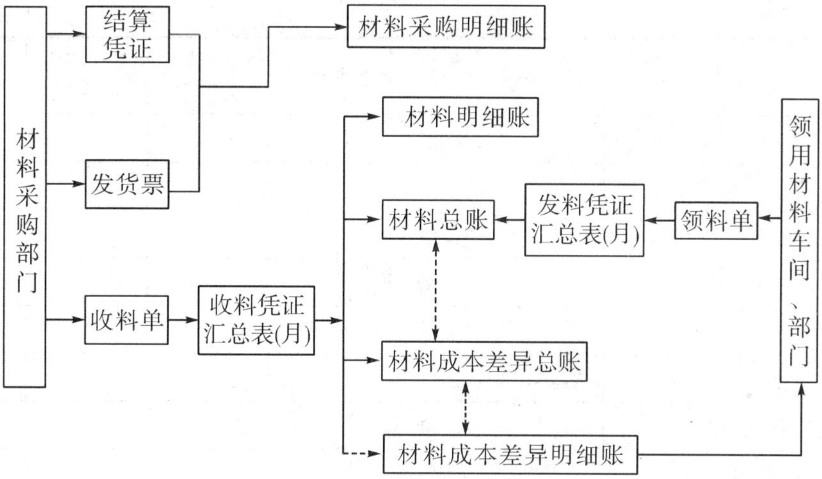

图 1-2　材料核算程序

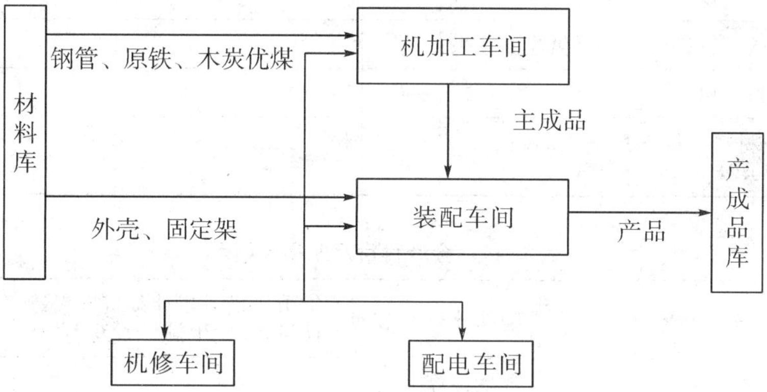

图 1-3　生产工艺流程

二、模拟实习资料

（一）会计科目及期初余额表（见表 1-16、表 1-17、表 1-18）

表 1-16　会计科目及期初余额表

单位：元

会计科目名称	辅助核算	方向	币别计量	累计借方发生额	累计贷方发生额	期初余额
库存现金（1001）	日记	借				16 000
银行存款（1002）	银行日记	借				9 594 798. 20
工行存款（100201）	银行日记	借				8 452 557
中行存款（100202）	银行日记	借	美元			1 142 241. 20
其他货币资金（1012）		借				344 000
外埠存款（101201）		借				23 000

表1-16（续）

会计科目名称	辅助核算	方向	币别计量	累计借方发生额	累计贷方发生额	期初余额
银行汇票（101202）		借				44 000
存出投资款（101203）		借				277 000
交易性金融资产（1101）		借				57 500
成本（110101）		借				50 000
公允价值变动（110102）		借				7 500
应收票据（1121）	客户往来	借				79 200
应收股利（1121）		借				90 000
应收利息（1122）		借				60 000
应收账款（1122）	客户往来	借				1 307 100
其他应收款（1221）	个人往来	借				14 100
坏账准备（1241）		贷				3 500
预付账款（1123）	供应商往来	借				255 500
材料采购（1401）		借				110 000
主要原料及材料（钢管）（140101）		借				110 000

表 1-17　会计科目及期初余额表

单位：元

会计科目名称	辅助核算	方向	货币计量	借方累计发生额	贷方累计发生额	期初余额
原材料（1403）	数量核算	借				1 917 600
主要原料及材料（140301） 钢管（14030101） 原铁（14030102） 木炭（14030103） 优煤（14030104）	数量核算 数量核算 数量核算 数量核算 数量核算	借 借 借 借 借				550 000 288 000 242 000 14 000 6 000
外购半成品（140302） 外壳（14030201） 固定架（14030202）	数量核算 数量核算 数量核算	借 借 借				1 350 000 360 000 990 000
辅助材料（140303） 涂料（14030301）	数量核算 数量核算	借 借				17 600 17 600
周转材料（1411）	数量核算	借				185 593
包装箱（141101）	数量核算	借				1 200
工作保护品（141102） 工作服（14110201） 劳保鞋（14110202） 耐热手套	数量核算 数量核算 数量核算 数量核算	借 借 借 借				2 353 718 1 500 135

会计科目名称	辅助核算	方向	货币计量	借方累计发生额	贷方累计发生额	期初余额
附件（141103） 勾扳手（14110301） 法兰盘（14110302） 螺钉（14110303）	数量核算 数量核算 数量核算 数量核算	借 借 借 借				2 040 240 1 350 450
专用工具（141104）	数量核算	借				180 000
材料成本差异（1404）		借				67 494
主要原料及材料（140401）		借				19 348
外购半成品（140402）		借				42 984
辅助材料（140403）		贷				118
低值易耗品（140404）		借				3 588
包装物（140405）		借				1 692
库存商品（1405）		借				1 750 000
A01 产品（140501）	数量核算	借				1 150 000
A02 产品（140502）	数量核算	借				600 000
存货跌价准备（1471）		贷				38 000
生产成本（5001）		借				326 760
基本生产成本（500101）		借				326 760
机加工车间（50010101）		借				199 760
A01 产品（5001010101）		借				140 400
直接材料（500101010101）		借				98 280
直接工资（500101010102）		借				27 000
其他直接支出（500101010103）		借				3 780
制造费用（500101010104）		借				11 340
A02 产品（5001010102）		借				59 360
直接材料（500101010201）		借				32 940
直接工资（500101010202）		借				18 000
其他直接支出（500101010203）		借				2 520
制造费用（500101010204）		借				5 900
装配车间（50010102）		借				127 000
A01 产品（5001010201）		借				85 650
直接材料（500101020101）		借				58 255
直接工资（500101020102）		借				11 500
其他直接支出（500101020103）		借				1 470

表1-17(续)

会计科目名称	辅助核算	方向	货币计量	借方累计发生额	贷方累计发生额	期初余额
制造费用（500101020104）		借				14 425
A02 产品（5001010202）		借				41 350
直接材料（500101020201）		借				25 210
直接工资（500101020202）		借				6 640
其他直接支出（500101020203）		借				1 069
制造费用（500101020204）		借				8 431
辅助生产车间（500102）		借				
机修车间（50010201）		借				
配电车间（50010202）		借				
长期股权投资（1511）		借				266 200
成本（151101）		借				266 200
持有至到期投资（1501）①		借				230 000
成本（150101）		借				230 000
固定资产（1601）		借				10 968 000
累计折旧（1602）		贷				2 267 107. 2
固定资产减值准备（1603）		贷				68 000
在建工程（1604）	项目核算	借				2 400 000
材料费（160401）	项目核算	借				1 500 000
人工费（160402）	项目核算	借				900 000
利息（160403）	项目核算	借				
其他（160404）	项目核算	借				
固定资产清理（1606）		借				12 500
无形资产（1701）		借				49 200
土地使用权（170101）		借				39 200
专利权（170102）		借				10 000
累计摊销（1702）						14 760
无形资产减值准备（1703）		贷				4 200
短期借款（2001）		贷				1 444 000
应付票据（2201）		贷				40 000
应付账款（2202）	供应商往来	贷				861 120

① 持有至到期投资（1501）改为债权投资（1505），如软件未升级，仍用持有至到期投资。

表1-17(续)

会计科目名称	辅助核算	方向	货币计量	借方累计发生额	贷方累计发生额	期初余额
预收账款（2203）	客户往来	贷				159 000
应付职工薪酬（2211）		贷				579 900
工资（221101）						556 000
福利费（221102）						10 000
工会经费（221105）						8 340
教育经费（221106）						5 560
应付利息（2231）		贷				120 000
应付股利（2232）		贷				104 200
应交税费（2221）		贷				31 7700
应交所得税（222101）		借				143 000
应交增值税（222102）		贷				133 594. 12
进项税额（22210201）		借				75 170. 59
销项税额（22210202）		贷				208 764. 71
其他应付款（2241）		贷				78 000
存入保证金（224101）		贷				75 000
张海涛（224102）		贷				3 000
长期借款（2501）		贷				1 464 800
应付债券（2502）		贷				841 000
债券面值（250201）		贷				800 000
应计利息（250202）		贷				41 000
长期应付款（2701）		贷				1 500 000
实收资本（4001）		贷				15 800 000
资本公积（4002）		贷				869 300
资本或股本溢价（400201）		贷				869 300
接受捐赠非现金资产（400202）		贷				
其他资本公积（400203）		贷				
盈余公积（4101）		贷				1 095 258
利润分配（4104）		贷				2 431 700
提取法定盈余公积（410401）						
应付利润（410402）						
未分配利润（410403）						2 431 700

表1-17（续）

会计科目名称	辅助核算	方向	货币计量	借方累计发生额	贷方累计发生额	期初余额
制造费用（5101）						
工资（510101）						
折旧费（510102）						
水费（510103）						
电费（510104）						
工会教育经费（510105）						
主营业务收入（6001）						
A01 产品（600101）						
A02 产品（600102）						
其他业务收入（6051）						
投资收益（6111）						
营业外收入（6301）						
主营业务成本（6401）						
A01 产品（640101）						
A02 产品（640102）						
营业税金及附加（6403）						
其他业务成本（6402）						
销售费用（6601）						
广告费（660101）						
运输费（660102）						
其他（660103）						
折旧费（660104）						
工资（660105）						
工会教育经费（660106）						
管理费用（6602）	部门核算					
工资（660201）	部门核算					
福利费（660202）	部门核算					
折旧费（660203）	部门核算					
差旅费（660204）	部门核算					
办公费（660205）	部门核算					
修理费（660206）	部门核算					
工会教育经费（660207）	部门核算					

表1-17(续)

会计科目名称	辅助核算	方向	货币计量	借方累计发生额	贷方累计发生额	期初余额
招待费（660208）	部门核算					
其他（660209）	部门核算					
财务费用（6603）						
利息支出（660301）						
手续费（660302）						
汇兑损益（660302）						
营业外支出（6711）						
所得税费用（6801）						

注：

（1）将“库存现金（1001）”科目指定为现金总账科目，“银行存款（1002）”科目指定为银行总账科目，将“库存现金（1001）、工行存款（100201）、中行存款（100202）”指定为现金流量科目。

（2）客户往来款项在应收款管理中核算，供应商往来款项在应付款系统核算，固定资产在固定资产系统中核算，应付职工薪酬在薪资管理系统中核算。

（3）其他应收款（辅助核算科目）期初余额表。

表 1-18　会计科目及期初余额表　　单位：元

部门	个人	方向	金额
总经理办公室	范伟平	借	1500
财务部	王达	借	1600
财务部	邓小梅	借	9300
采购中心	邓超	借	1700

（二）明细分类账户余额（见表 1-19、表 1-20、表 1-21、表 1-22、表 1-23、表 1-24）

表 1-19　“生产成本”明细分类账户期初余额　　单位：元

车间	产品名称	直接材料	直接工资	其他直接支出	制造费用	合计
机加工车间	A01 产品	98 280	27 000	3 780	11 340	140 400
	A02 产品	32 940	18 000	2 520	5 900	59 360
	合计	131 220	45 000	6 300	17 240	199 760
装配车间	A01 产品	58 255	11 500	1 470	14 425	85 650
	A02 产品	25 210	6 640	1 069	8 431	41 350
	合计	83 465	18 140	2 539	22 856	127 000

表 1-20 "库存商品"明细分类账户期初余额 单位：元

产品名称	结存数量（台）	单位实际成本	期初余额
A01 产品	50	23 000	1 150 000
A02 产品	40	15 000	600 000

A01 产品：销售单价 42 000 元/台

A02 产品：销售单价 28 000 元/台

表 1-21 "原材料"明细账户期初余额

明细账户及材料名称	计量单位	结存数量	计划单价	结存金额（元）
主要原料及材料				550 000
钢管	吨	90	3 200	288 000
原铁	吨	110	2 200	242 000
木炭	吨	40	350	14 000
优煤	吨	30	200	6 000
外购半成品				1 350 000
外壳	个	300	1 200	360 000
固定架	个	1 800	550	990 000
辅助材料				17 600
涂料	千克	1 600	11	17 600

表 1-22 "周转材料"明细账户期初余额

明细账户及材料名称	计量单位	结存数量	计划单价	结存金额（元）
工作保护品				2 353
工作服	套	20	35. 90	718
劳保鞋	双	50	30. 00	1 500
耐热手套	副	30	4. 50	135
附件				2 040
勾扳手	个	50	4. 80	240
法兰盘	个	100	13. 50	1 350
螺钉	盒	30	15. 00	450
专用工具	把	4 000	45. 00	180 000
包装箱	个	3	400. 00	1 200

表 1-23 项目目录

项目设置步骤	设置内容
项目大类	在建工程
核算科目	在建工程（1604） 人工费（160401） 材料费（160402） 利息（160403） 其他（160404）
项目分类	1 自建工程 2 承包工程
项目名称	01 3 号机加工车间（自建工程） 02 宿舍楼（办公楼、宿舍楼均为自建工程） 03 锅炉改造（承包工程）

表 1-24　会计科目：1604 在建工程　余额：2 400 000 元　　单位：元

科目名称	3 号机加工车间	宿舍楼	锅炉改造	合计
直接材料（160401）	800 000	636 000	64 000	1 500 000
直接人工费（160402）	500 000	397 000	3 000	900 000
合计	1 300 000	1 100 000	67 000	2 400 000

银行对账资料：

（1）广昌机械有限责任公司银行账产的启用日期为 2019 年 1 月 1 日，工行人民币企业日记账调整前余额为 7 008 557 元，银行对账单调整前余额为 7 360 557 元，未达账项一笔，系银行已收企业未收款 352 000 元。

（2）银行对账单，1 月份银行对账单与银行日记账核对，只有企业已付，银行未付的两笔未达账项，分别是 2019 年 1 月 12 日，支票号为 00770128，金额 500 000 万元；2019 年 1 月 18 日，支票号为 00770130，金额 4 410 元。请在总账系统的期末处理中输入银行对账期初数据，录入银行对账单（除以上两笔外，其余与企业日记账一致），进行银行对账，编制与输出余额调节表。

（三）产量、工时记录

2019 年 1 月份产量记录和定额工时资料（见表 1-25、表 1-26）：

表 1-25　产量记录

A01 产品　　单位：件

项　目	机加工车间	装配车间
月初在产品	15	12
本月投产	40	40
本月完工	40	50
月末在产品	15	2
投料 100%	15	2
施工 50%	7.5	1

A02 产品　　单位：件

项　目	机加工车间	装配车间
月初在产品	10	12
本月投产	15	20
本月完工	20	30
月末在产品	5	2
投料 100%	5	2
施工 60%	3	1.2

表 1-26　C 产品定额工时资料　　单位：件

分厂 / 产品	机加工车间	装配车间
A01 产品	9 300	5 000
A02 产品	3 000	3 000
合计	12 300	8 000

（四）固定资产管理系统的相关资料

（1）控制参数（见表 1-27）

表 1-27　控制参数

控制参数	参数设置
启用月份	2019-01-01
折旧信息	本账套计提折旧 折旧方法：平均年限法（一） 折旧汇总分配周期：1 个月 当（月初已计提月份=可使用月份-1）时，将剩余折旧全部提足
编码方式	资产类别编码方式：2112 固定资产编码方式： 按“类别编码+部门编码+序号”自动编码 卡片序号长度为 3
财务接口	与账务处理系统进行对账 对账科目： 固定资产对账科目：固定资产（1601） 累计折旧对账科目：累计折旧（1602）
补充参数	业务发生后立即制单 月末结账前一定要完成制单登账业务 固定资产默认入账科目：1601 累计折旧默认入账科目：1602 减值准备默认入账科目：1603

（2）资产类别（见表 1-28）

表 1-28　资产类别

编　码	类别名称	净残值率	单位	计提属性
01	交通运输类	3%		正常计提
011	经营用设备	3%	辆	正常计提
012	非经营用设备	3%	辆	正常计提
02	电子设备及其他通信设备	3%		正常计提
021	经营用设备	3%	台	正常计提
022	非经营用设备	3%	台	正常计提
03	房屋及建筑物类	3%		正常计提
031	经营用	3%	栋	正常计提
032	非经营用	3%	栋	正常计提
04	机器设备类	3%		正常计提
041	经营用	3%	台	正常计提
042	非经营用	3%	台	正常计提

（3）部门及对应折旧科目（见表1-29）

表1-29　部门及对应折旧科目

部门	对应折旧科目
管理中心、采购中心、技术中心	管理费用/折旧费
销售中心	销售费用/折旧费
生产中心	制造费用/折旧费

（4）增减方式的对应入账科目（见表1-30）

表1-30　增减方式的对应入账科目

增减方式目录	对应入账科目
增加方式	
直接购入方式	工行存款（100201）
在建工程转入	在建工程（160402）
减少方式	
毁损	固定资产清理（1606）

（5）原始卡片（见表1-31）

表1-31　原始卡片

固定资产名称	类别编号	所在部门	增加方式	开始使用日期	可使用年限/年	数量和单位	单位价值/元	原值/元	累计折旧/元	对应折旧科目名称
万能切割机	041	机加车间	直接购入	2016-12-31	10	10台	150 000	1 500 000	291 600	制造费用/折旧费
起重机	041	装配车间	直接购入	2016-12-31	10	10台	31 200	312 000	60 652. 8	制造费用/折旧费
装压机	041	装配车间	直接购入	2015-12-31	10	10台	356 000	3 560 000	1 0380 96	制造费用/折旧费
固定架	041	机加车间	直接购入	2015-12-31	10	10台	43 000	430 000	125 388	制造费用/折旧费
打孔机	041	装配车间	直接购入	2016-12-31	10	10台	38 000	380 000	73 872	制造费用/折旧费
万能铣床	041	机加车间	直接购入	2016-12-31	10	10台	36 000	360 000	69 984	制造费用/折旧费
锅炉	041	机加车间	直接购入	2016-12-31	10	10台	18 700	187 000	36 352. 8	制造费用/折旧费
六角 车床	041	机加车间	直接购入	2016-12-31	10	10台	18 000	18 0000	34 992	制造费用/折旧费
行政办公大楼	031	总经理办公室	在建工程转入	2011-12-31	50	1栋	3000 000	3 000 000	403 200	管理费用/折旧费
计算 机A	021	财务部	直接购入	2017-12-31	5	10台	5 000	50 000	9 720	管理费用/折旧费
计算 机A	021	人力资源	直接购入	2017-12-31	5	3台	5 000	15 000	2 916	管理费用/折旧费
计算 机A	021	总经理办公室	直接购入	2017-12-31	5	3台	5 000	15 000	2 916	管理费用/折旧费
复印机	021	总经理办公室	直接购入	2017-12-31	5	1台	8 000	8 000	1 555. 2	管理费用/折旧费
复印机	021	财务部	直接购入	2017-12-31	5	1台	8 000	8 000	1 555. 2	管理费用/折旧费
复印机	021	人力资源	直接购入	2017-12-31	5	1台	8 000	8 000	1 555. 2	管理费用/折旧费

固定资产名称	类别编号	所在部门	增加方式	开始使用日期	可使用年限/年	数量和单位	单位价值/元	原值/元	累计折旧/元	对应折旧科目名称
打印机 A	021	总经理办公室	直接购入	2017-12-31	5	1 台	3 000	3 000	583.2	管理费用/折旧费
打印机 B	021	财务部	直接购入	2017-12-31	5	1 台	3 000	3 000	583.2	管理费用/折旧费
打印机 C	021	总经理办公室	直接购入	2017-12-31	5	1 台	3 000	3 000	583.2	管理费用/折旧费
计算 机 B	021	采购中心	直接购入	2017-12-31	5	2 台	5 000	10 000	1 944	管理费用/折旧费
计算 机 C	021	销售中心	直接购入	2017-12-31	5	2 台	5 000	10 000	1 944	管理费用/折旧费
计算 机 D	021	技术中心	直接购入	2017-12-31	5	3 台	5 000	15 000	2 916	管理费用/折旧费
计算 机 E	021	机加车间	直接购入	2017-12-31	5	3 台	5 000	15 000	2 916	制造费用/折旧费
空调 A	041	总经理办公室	直接购入	2017-12-31	5	1 台	5 000	5 000	972	管理费用/折旧费
空调 B	041	财务部	直接购入	2017-12-31	5	1 台	8 000	8 000	1 555.2	管理费用/折旧费
空调 A	041	人力资源	直接购入	2017-12-31	5	1 台	5 000	5 000	972	管理费用/折旧费
空调 B	041	销售 中心	直接购入	2017-12-31	5	1 台	4 000	4 000	777.6	销售费用/折旧费
空调 C	041	采购中心	直接购入	2017-12-31	5	1 台	4 000	4 000	777.6	管理费用/折旧费
空调 D	041	技术中心	直接购入	2017-12-31	5	1 台	10 000	10 000	1 944	管理费用/折旧费
高密度测试机	041	技术中心	直接购入	2017-12-31	5	2 台	55 000	110 000	21 384	管理费用/折旧费
小轿车	011	总经理办公室	直接购入	2017-12-31	10	2 辆	150 000	300 000	29 160	管理费用/折旧费
运输车	011	总经理办公室	直接购入	2017-12-31	10	3 辆	150 000	450 000	43 740	管理费用/折旧费

注：上述资产均为在用，为输入方便，可以将同一固定资产名称和同一使用部门的固定资产，可以把原值总数做为一张卡片输入，也可以每一个固定资产输入一张卡片。

（五）工资管理系统的相关资料

（1）参数设置

工资类别个数：多个；核算币种：人民币 RMB；要求代扣个人所得税；不进行扣零处理，人员编码长度：3 位；启用日期：2019 年 1 月。

（2）工资项目设置（见表 1-32）

表 1-32　工资项目设置

项目名称	类型	长度	小数位数	增减项
基本工资	数字	12	2	增项
奖励工资	数字	8	2	增项
交通补贴	数字	8	2	增项
岗位工资	数字	8	2	增项
应发合计	数字	12	2	增项
请假扣款	数字	8	2	减项
养老保险	数字	8	2	减项

表1-32(续)

项目名称	类型	长度	小数位数	增减项
工会费	数字	8	2	减项
职工教育经费	数字	8	2	减项
公积金	数字	8	2	减项
医疗保险	数字	8	2	减项
扣款合计	数字	10	2	减项
实发工资	数字	12	2	减项
工资代扣税	数字	10	2	减项
请假天数	数字	8	2	其他

（3）人员档案设置

工资类别 1：正式人员

工资类别 2：临时人员

部门选择：所有部门

工资项目：基本工资、奖励工资、交通补贴、岗位工资、应发合计、请假扣款、工会费、职工教育经费、公积金、养老保险金、医疗保险、扣款合计、实发合计、工资代扣税、请假天数

工资项目计算公式见表 1-33：

表 1-33　计算公式

工资项目	定义公式
请假扣款	请假天数×30
养老保险金	（基本工资+奖励工资+岗位工资）×0.12
工会费	（基本工资+奖励工资+岗位工资）×0.02
职工教育经费	（基本工资+奖励工资+岗位工资）×0.015
医保险	（基本工资+奖励工资+岗位工资）×0.075
公积金	（基本工资+奖励工资+岗位工资）×0.05
交补	Iff（人员类别=“企业管理人员” OR 人员类别=“车间管理人员”，100，50）

（4）人员档案（见表 1-34）

表 1-34　人员档案

职员编码	职员姓名	性别	所属部门	职员类别	账号	是否记税	是否核算计件工资
101	陈斌	男	管理中心	企业管理人员	57556866952001	是	否
101	范伟平	男	总经理办公室	企业管理人员	57556866952002	是	否
102	刘刚	男	财务部	企业管理人员	57556866952003	是	否

表1-34（续）

职员编码	职员姓名	性别	所属部门	职员类别	账号	是否记税	是否核算计件工资
103	王达	男	财务部	企业管理人员	57556866952004	是	否
104	邓小梅	女	财务部	企业管理人员	57556866952005	是	否
105	罗芳	女	财务部	企业管理人员	57556866952006	是	否
106	史毅	女	财务部	企业管理人员	57556866952007	是	否
107	谢高红	女	财务部	企业管理人员	57556866952008	是	否
108	刘文华	女	财务部	企业管理人员	57556866952009	是	否
109	张志鸿	男	财务部	企业管理人员	57556866952010	是	否
110	邓超	男	财务部	企业管理人员	57556866952011	是	否
111	刘琳	女	财务部	企业管理人员	57556866952012	是	否
112	张元清	男	财务部	企业管理人员	57556866952013	是	否
113	刘志勇	男	财务部	企业管理人员	57556866952020	是	否
114	刘海涛	男	人力资源部	企业管理人员	57556866952015	是	否
115	张超军	男	人力资源部	企业管理人员	57556866952016	是	否
201	蒲吉元	男	销售中心	企业管理人员	57556866952017	是	否
202	张艳丽	女	销售中心	销售人员	57556866952018	是	否
301	罗志军	男	采购中心	企业管理人员	57556866952020	是	否
302	黄超	男	采购中心	采购人员	57556866952021	是	否
401	肖玉林	男	技术中心	企业管理人员	57556866952022	是	否
402	张帅	男	技术中心	开发人员	57556866952023	是	否
501	陈楚军	男	生产中心	企业管理人员	57556866952035	是	否
502	刘志光	男	机加工车间	车间管理人员	57556866952024	是	否
503	史志红	男	机加工车间	生产工人（A01）	57556866952025	是	否
504	刘志辉	男	机加工车间	生产工人（A02）	57556866952026	是	否
522	梁华晶	男	装配车间	车间管理人员	57556866952027	是	否
523	熊磊	男	装配车间	生产工人（A01）	57556866952028	是	否
524	郝琼妮	女	装配车间	生产工人（A02）	57556866952029	是	否
539	赵海光	男	机修车间	车间管理人员	57556866952030	是	否
540	江积成	男	机修车间	机修工人	57556866952031	是	否
545	肖遥春	男	配电车间	车间管理人员	57556866952033	是	否
546	颜国立	男	配电车间	配电工人	57556866952034	是	否

表1-34(续)

职员编码	职员姓名	性别	所属部门	职员类别	账号	是否记税	是否核算计件工资
544	李雄飞	男	机修车间	机修工人	57556866952044	是	否
548	李冰玉	男	配电车间	配电工人	57556866952046	是	否

注：以上所有人员的代发银行均为中国工商银行天祥分理处

（5）银行名称

银行名称：中国工商银行天祥分理处；账号定长为15。

（6）1月人员工资情况（见表1-35）

表1-35　1月人员工资情况　　单位：元

职员姓名	所属部门	职员类别	基本工资	奖励工资	岗位工资
陈斌	管理中心	企业管理人员	15 000	5 000	3 000
范伟平	总经理办公室	企业管理人员	9 000	3 000	1 500
刘刚	财务部	企业管理人员	3 000	1 000	1 000
王达	财务部	企业管理人员	3 000	1 000	1 000
邓小梅	财务部	企业管理人员	3 000	1 000	1 000
罗芳	财务部	企业管理人员	3 000	1 000	1 000
史毅	财务部	企业管理人员	3 000	1 000	1 000
谢高红	财务部	企业管理人员	3 000	1 000	1 000
刘文华	财务部	企业管理人员	3 000	1 000	1 000
张志鸿	财务部	企业管理人员	3 000	1 000	1 000
邓超	财务部	企业管理人员	3 000	1 000	1 000
刘琳	财务部	企业管理人员	3 000	1 000	1 000
张元清	财务部	企业管理人员	3 000	1 000	1 000
刘志勇	财务部	企业管理人员	3 000	1 000	1 000
刘海涛	人力资源部	企业管理人员	5 000	1 000	1 000
张超军	人力资源部	企业管理人员	9 000	3 000	1 500
蒲吉元	销售中心	企业管理人员	5 000	1 000	1 000
张艳丽	销售中心	销售人员	9 000	3 000	1 500
罗志军	采购中心	企业管理人员	5 000	1 000	1 000
黄超	采购中心	采购人员	9 000	3 000	3 000
肖玉林	技术中心	企业管理人员	7 000	15 00	1 000
张帅	技术中心	开发人员	15 000	3 000	18 000
陈楚军	生产中心	企业管理人员	9 000	3 000	2 000
刘志光	机加工车间	车间管理人员	8 000	1 000	1 000
史志红	机加工车间	生产工人（A01）	50 000	15 000	5 000
刘志辉	机加工车间	生产工人（A02）	50 000	15 000	5 000

表1-35(续)

职员姓名	所属部门	职员类别	基本工资	奖励工资	岗位工资
梁华晶	装配车间	车间管理人员	7 000	1 000	1 000
熊磊	装配车间	生产工人（A01）	50 000	15 000	5 000
郝琼妮	装配车间	生产工人（A02）	50 000	15 000	5 000
赵海光	机修车间	车间管理人员	5 000	500	500
江积成	机修车间	机修工人	10 000	2 000	1 000
肖遥春	配电车间	车间管理人员	5 000	500	500
颜国立	配电车间	配电工人	10 000	2 000	1 000

注：本公司机加工车间生产工人 100 人（生产 A01 产品 50 人，A02 产品 50 人），装配车间生产工人 100 人（生产 A01 产品 50 人，A02 产品 50 人），在 A01 和 A02 平均分摊，本表的每一位工人代表本部门总的工资情况机修车间工人 10 人，配电车间工人 10 人，为了节省录入时间，本表的每一位工人代表本部门总的工资情况；总经理办公室普通职员 3 人，人力资源部普通职员 3 人，销售中心普通职员 3 人，采购中心普通职员 3 人，技术中心普通职员 3 人，本表的每一位普通职员代表本部门总的工资情况，基本工资和岗位工资保持不变。

（9）临时人员工资情况（见表 1-36）

表 1-36 临时人员工资情况 单位：元

职员姓名	所属部门	职员类别	基本工资	奖励工资	岗位工资
李雄飞	机修车间	生产工人	1 100	200	100
李冰玉	配电车间	生产工人	1 100	100	200

（10）1 月份工资变动情况

考勤情况：江积成请假 3 天；史志红请假 2 天。

发放奖金情况：因去年技术中心研发新技术，每人增加奖励 300 元。

代扣税基数 5 000 元。

（11）工资分摊

应付工资总额等于工资项目“应发合计”，工会经费、职工教育经费、养老保险金、医保险、住房公积金以此基数计提。

工资费用分配的转账分录如表 1-37 所示：

表 1-37 工资费用分配的转账分录

工资分摊 / 部门		应付工资（100%）		工会经费（2%）		职工教育经费（8%）	
		借方科目	贷方科目	借方科目	贷方科目	借方科目	贷方科目
总经理办公室、人力资部、财务部、技术中心、采购中心、销售中心、总经理室、生产中心	企业管理人员	660201	221101	660207	221105	660207	221106

表1-37(续)

部门	工资分摊	应付工资（100%）		工会经费（2%）		职工教育经费（8%）	
		借方科目	贷方科目	借方科目	贷方科目	借方科目	贷方科目
销售中心	销售人员	660105	221101	660106	221105	660106	221106
采购中心	采购人员	660201	221101	660207	221105	660207	221106
技术中心	开发人员	660201	221101	660207	221105	660207	221106
机加工车间	车间管理人员	510101	221101	510105	221105	510105	221106
	生产工人（A01）	500101010102	221101	500101010102	221105	500101010102	221106
	生产工人（A02）	500101010202	221101	500101010202		500101010202	
装配车间	车间管理人员	510101	221101	510105	221105	510105	221106
	生产工人（A01）	500101020102	221101	500101020102	221105	500101020102	221106
	生产人（A02）	500101020202	221101	500101020202		500101020202	
机修车间	车间管理人员	50010201	221101	50010201	221105	50010201	221106
机修车间	机修人员	50010201	221101	50010201	221105	50010201	221106
配电车间	车间管理人员	50010201	221101	50010201	221105	50010201	221106
配电车间	配电人员	50010202	221101	50010202	221105	50010202	221106

注：养老保险、医保险和住房公积金项目的工资费用分配转账分录可参照上表设计。

（六）应收款管理系统补充资料

（1）控制参数（见表1-38）

表1-38　控制参数

控制参数	参数设置
坏账处理方式	应收余额百分比
是否自动计算现金折扣	是

（2）科目设置（见表1-39）

表 1-39　科目设置

科目类别	设置方式
基本科目设置	应收科目（本币）：1122 预收科目（本币）：2202 应交增值税科目：22210102
控制科目设置	所有客户的控制科目： 应收科目：1122　预收科目：2203
结算方式科目设置	结算方式：现金支票；币种：人民币；科目：100201 结算方式：转账支票；币种：人民币；科目：100201 结算方式：现金；币种：人民币；科目：1001 结算方式：电汇；币种：人民币；科目：100201

（3）坏账准备设置（见表 1-40）

表 1-40　坏账准备设置

控制参数	参数设置
提取比例	0.3%
坏账准备期初余额	3 500
坏账准备科目	1231
对方科目	6701

（4）账期内账龄区间及逾期账龄区间（见表 1-41）

表 1-41　账期内账龄区间及逾期账龄区间　　单位：天

序号	起止天数	总天数
01	0-30	30
02	31-60	60
03	61-90	90
04	91 以上	

（5）报警级别设置（见表 1-42）

表 1-42　报警级别设置

序号	起止比率/%	总比率/%	级别名称
01	0 以上	10	A
02	10～30	30	B
03	30～50	50	C
04	50～100	100	D
05	100 以上		E

（6）采购类型（见表 1-43）

表 1-43　采购类型

采购类型编码	采购类型名称	入库类别	是否默认值
1	普通采购	采购入库	是

（注：该资料在应付款管理系统中，输入货物名称时，点编辑时输入）

（7）销售类型（见表 1-44）

表 1-44　销售类型

销售类型编码	销售类型名称	出库类别	是否默认值
1	经销	销售出库	是
2	代销	销售出库	否

（注：该资料在应收款管理系统中，输入货物名称时，点编辑时输入）

（8）期初余额（见表 1-45、表 1-46、表 1-47、表 1-48、表 1-49）

会计科目：应收账款（1122）　余额：借 1 307 100 元

表 1-45　销售专用发票

开票日期	方向	客户	销售部门	科目	货物名称	数量/个	无税单价/元	价税合计金额/元
2018-11-10	正	南昌机电公司	销售中心	1122	A01 产品	15	42 000	737 100

表 1-46　普通发票

开票日期	方向	客户	销售部门	科目	货物名称	数量/个	含税单价/元	金额/元
2018-12-10	正	市机床经销公司	销售中心	1122	A01 产品	5	42 500	212 500

表 1-47　销售专用发票

开票日期	方向	客户	销售部门	科目	货物名称	数量/个	无税单价/元	价税合计金额/元
2018-11-10	正	大连重型机械厂	销售中心	1122	A02 产品	10	30 000	351 000

表 1-48　应收单

开票日期	科目编号	客户	销售部门	金额/元	摘要
2018-11-10	1122	南昌机电公司	销售中心	6 500	代垫运费
2018-11-15	2203	长沙机电公司	销售中心	159 000	预收款项

表 1-49　应收票据期初余额

日期	凭证号	客户	摘要	方向	金额/元	业务员	票号	票据到期日期
2018-11-22	转 55	南方机电公司	销售商品	借	79 200	张艳丽	K23	2019-2-22

（七）应付款管理系统补充资料

（1）应付款核销方式

按单据；其他参数为系统默认。

（2）科目设置

应付科目 2202，预付科目 1123，采购科目 1401，采购税金科目 22210201，其他可不设置。

（3）结算方式科目设置

结算方式：现金支票；币种：人民币；科目：100201

结算方式：转账支票；币种：人民币；科目：100201

结算方式：现金；币种：人民币；科目：1001

结算方式：电汇；币种：人民币；科目：100201

（4）账期内账龄区间及逾期账龄区间（见表 1-50）

表 1-50　账期内账龄区间及逾期账龄区间　　单位：天

序号	起止天数	总天数
01	0-30	30
02	31-60	60
03	61-90	90
04	91 以上	

（5）报警级别设置（见表 1-51）

表 1-51　报警级别设置

序号	起止比率/%	总比率/%	级别名称
01	0 以上	10	A
02	10～30	30	B
03	30～50	50	C
04	50～100	100	D
05	100 以上		E

（6）期初余额（见表 1-52、表 1-53、表 1-54、表 1-55）

会计科目：应付账款（2202）　余额：贷 861 120 元

表 1-52　采购专用发票

开票日期	方向	供应商名称	采购部门	科目	货物名称	数量/个	无税单价/元	价税合计金额/元
2018-12-10	正	升达轴承厂	采购中心	2202	外壳	400	1 200	561 600

表 1-53　采购专用发票

开票日期	方向	供应商名称	采购部门	科目	货物名称	数量个	无税单价/元	价税合计金额/元
2018-11-10	正	武汉钢厂	采购中心	2202	钢管	80	3 200	299 520

表 1-54　其他应付单

开票日期	科目编号	供应商名称	采购部门	金额/元	摘要
2018-11-10	1123	市钢铁公司一分厂	采购中心	150 000	预付款项
2018-11-15	1123	巴江机电厂	采购中心	105 500	预付款项

表 1-55　应付票据期初余额

科目	编号	收款单位	票面面值/元	票据余额/元	签发日期	票据到期日期
应付票据	0001	市轴承厂	40 000	40 000	2018-11-22	2019-2-22

第二部分

会计电算化综合业务实验要求

（一）系统管理

（1）建立、输出、引入、修改、删除套账。

（2）增加操作员，指定账套主管。

（3）对操作员设置角色、授权。

（二）账务处理系统

（1）启用总账、资薪管理、固定资产管理系统，应收款和应付款管理系统，启用日期为2019年1月1日。

（2）设置编码方案：存货分类编码级次为222，客户和供应商分类编码级次为222，科目编码级次42222，结算方式编码21，地区分类编码级次232，其他编码采用系统默认，也可在建立账套时设置。

（3）数据精度：企业对数量、单价核算时，小数定为2位，也可在建立账套时设置。

（4）设置机构人员：本单位信息、部门档案、人员档案、人员类别、职务档案、岗位档案。

（5）设置客商信息：地区分类、供应商分类、供应商档案、客户分类、客户档案。

（6）设置存货：存货分类、计量单位、存货档案。

（7）设置会计科目：根据资料修改或增加明细科目，设置会计属性。

（8）设置凭证类别：设置收、付、转凭证。

（9）设置外币。

（10）设置项目目录。

（11）设置结算方式。

（12）录入期初余额。

（13）凭证处理：录入、审核、删除、修改、查询记账凭证、出纳签字、主管签字、科目汇总、现金流量凭证查询、记账。

（14）出纳管理：查询现金日记账和银行存款日记账，编制资金日报表，支票登记簿管理，银行对账期初录入，查询银行对账单，银行对账，余额调节表查询，查询对账勾对情况，核销银行账。

（15）账表管理：查询科目账、客户往来辅助账、供应商往来辅助账、个人往来账、部门辅助账、项目辅助账、现金流量表。

（16）期末处理：①转账定义，即自定义结转设置，期间损益结转设置；②转账生成，即自定义转账生成，期间损益结转生成；③对账；④结账。

（三）固定资产管理系统

（1）启用固定资产管理系统。

（2）系统初始化：①设置基本信息（企业基本信息）、折旧信息（平均年限法）、与财务系统接口（固定资产对账科目为 1601 固定资产，累计折旧对账科目为 1602 累计折旧）；②设置部门对应折旧科目、资产类别、增减方式、使用状况、折旧方法；③设置卡片项目、卡片样式、卡片管理，录入原始卡片。

（3）处理：①增加固定资产卡片，减少固定资产卡片；②固定资产变动处理；③计提本月折旧，查询折旧清单、折旧分配表；④对账，制单，凭证查询；⑤月末结账，账表管理。

（四）薪资管理系统

（1）启用薪资管理系统。

（2）设置初始化参数。

（3）设置涉及到的所有部门、所有工资项目、人员类别、银行名称和账号长度。

（4）建立工资类别，选择所管理的部门。

（5）导入人员档案。

（6）选择工资类别所涉及的工资项目并设置工资计算公式。

（7）录入工资数据。

（8）汇总工资类别，设置工资分摊，制单。

（9）月末处理。

（五）应收款管理

（1）初始化：设置账套参数、初始化设置。

（2）日常处理：形成应收、收款结算、转账处理、坏账处理、制单、查询统计。

（3）期末处理：月末结账。

（六）应付款管理

（1）初始化：设置账套参数、初始化设置。

（2）日常处理：形成应付、付款结算、转账处理、制单、查询统计。

（3）期末处理：月末结账。

（七）报表系统

（1）启动报表系统。

（2）利用系统模板，根据模拟企业的实际需要进行适当的修改，编制资产负债表、利润表、所有者权益变动表、现金流量表，或者自定义报表格式，编制会计报表。

（八）完成一月份结账后，再完成二月份经济业务的账务处理。

第三部分

模拟实验企业 2019 年 1 月的经济业务

根据实验企业 2019 年 1 月的经济业务填制相关凭证（具体见图 3-1 至图 3-132、表 3-1 至表 3-14）。

No. 1

楚隆市商业企业统一发票　　发票代码：243011370484

发　票　联　　发票号码：00338726

客户名称：楚隆机械有限责任公司　　2019年01月01日

货号	品名及规格	单位	数量	单价	超十万元无效	金额						
						万	千	百	十	元	角	分
	信纸	本	60	6.00				3	6	0	0	0
	档案袋	个	20	1.50					3	0	0	0
	圆珠笔	支	20	4.00					8	0	0	0
合计金额（大写）	⊗万⊗仟肆佰柒拾零拾零元零角零分						¥	4	7	0	0	0
付款方式	01 现金	开户银行及账号										

收款企业（盖章有效）　　收款人：邱　云　　开票人：孙小鸿

注：该办公用品由总经理办公室使用

图 3-1　原始凭证

No. 2

楚隆市增值税专用发票

发 票 联　　　　No 01886522

校验码：略　　　　开票日期：2019年01月01日

购货单位	名称：楚隆机械有限责任公司 纳税人识别号:564325670654778 地址、电话:楚隆市双塔区邵口路86号070-64678926 开户行及账号：中国工商银行双办事处账号为：4432566253680345679	密码区	略

货物或应税劳务名称	规格型号	单	数量	单价	金额	税率	税额
钢管		吨	30	3 300.00	99 000.00	13%	12 870.00
合计			30		99 000.00		12 870.00
价税合计(大写)	壹拾壹万壹仟捌佰柒拾元整			（小写）111 870.00			

销货单位	名称：市钢铁公司一分厂 纳税人识别号:564325676248724 地址、电话:地址F 开户行及账号：工商银行 5643256756790045276	备注	市钢铁公司一分厂 120250568023060 发票专用章

收款人：邓水源　　复核：　　　　开票人：刘兴　　　销货单位

第二联：发票联购货方记账凭证

图 3-2　原始凭证 1

公路、内河货物运输业统一发票

发 票 联

发票代码 233001210144

发票号码：33221548

开票日期：2019年01月01日

机打代码 机打号码 机器编号	略	税控码	略
收货人及纳税人识别号	楚隆机械有限责任公司 564325670654778	承运人及纳税人识别号	楚隆顺达物流公司 564325352654766
发货人及纳税人识别号	市钢铁公司一分厂 56432567624872	主管税务机关及代码	楚隆市地方税务局 93400000
运输项目及金额	运输钢管　2 100	其他项目及金额	备注
运费小计	2 100.00	其他费用合计	
合计（大写）	贰仟壹佰元整　（小写）2 100.00		

承运人盖章：　　　　开票人：李小冬

图 3-3　原始凭证 2

No. 3

公出旅费报销单

所属单位：采购中心　　　　　　　　附件 10 张 2019 年 01 月 01 日

代表姓名	黄超	同行人员	王海		共 2 人	审批人员	罗志军	公出任务	采购	自 11 月 25 日起至 12 月 2 日止	共 7 天

出发				到达				合计	火车费	卧铺	市内车费	汽车大车	宿费	其他	途中伙食补助费		住勤费	
月	日	时	地点	月	日	时	地点								天数	金额	天数	金额
11	25		楚隆	11	26		北京	610	440	100					3	30	4	40
12	1		北京	12	2		楚隆	890	440	100			320	30				
合计								1 500	880	200			320	30		30		40

原借款	金额	交结余或超支余额	报销金额	人民币（大写）：壹仟伍百元整
	1 700. 00	200. 00		

负责人：罗志军　　会计：王达　　出纳：邓小梅　　经手人：罗文

图 3-4　原始凭证 1

收　　据

2019年 1 月 1 日　　　　第121号

交款单位 采购中心　　　交款人 黄超

交　来 差旅费预借款 款

人民币（大写） 贰佰元整　　￥：200.00

收款单位　现金收讫　会计主管人:刘刚　　　收款人 :邓小梅

财会记账

图 3-5　原始凭证 2

No. 4

中国人民保险公司
保险费、代扣印花税收据

2019 年 01 月 02 日　　财保　　№ CB382562

今收到 楚隆机械有限责任公司 交纳 2019年度财产 保险费60 000.00 元

并代扣印花税 50.00 元

总计人民币 陆万零伍拾元整　　￥：60 050.00　　转账收讫

图 3-6　原始凭证 1

中国工商银行 转账支票存根（广从） 支票号码:00770123 附件信息

出票日期：　年　月　日

收款人：
金 额：
用 途：
备 注：

单位主管
会计

本支票付款期十天

中国工商银行转账支票（楚隆）　　支票号码 00770123

出票日期　　年　月　　日　　开户行名称：
收款人：　　签发人账号：

人民币（大写）	亿	千	百	十	万	千	百	十	元	角	分

用途：

上列款项请从

我账户内支付

出票人签章　　复核　　记账

图 3-7　原始凭证 2

No. 5

领　料　单

领料部门：机加工分厂　　开票日期 2019 年 01 月 02 日　　字第 0756 号

材料编号	材料名称	规格	单位	请购数量	实发数量	计划价格	
						单价	金额
21001	原铁		吨	40	40	2 200	88 000
用途	A01 产品	领料部门			发料部门		
		负责人	领料人		核准人	发料人	
			孙志鸿			赵刚	

②仓库记账后转财会科

图 3-8　原始凭证 1

领　料　单

领料部门：机加工车间　　开票日期 2019 年 01 月 02 日　　字第 0757 号

材料编号	材料名称	规格	单位	请购数量	实发数量	计划价格	
						单价	金额
21001	原铁		吨	10	10	2 200	22 000
用途	A01 产品	领料部门			发料部门		
		负责人	领料人		核准人	发料人	
			孙志鸿			赵刚	

②仓库记账后转财会科

图 3-9　原始凭证 2

领 料 单

领料部门：机加工车间　　　　开票日期 2019 年 01 月 02 日　　　　字第 0758 号

材料编号	材料名称	规格	单位	请购数量	实发数量	计划价格	
						单价	金额
21001	木炭		吨	10	10	350	3 500

用途	A01 产品	领料部门		发料部门	
		负责人	领料人	核准人	发料人
			孙志鸿		赵刚

②仓库记账后转财会科

图 3-10　原始凭证 3

领 料 单

领料部门：机加工车间　　　　开票日期 2019 年 01 月 02 日　　　　字第 0759 号

材料编号	材料名称	规格	单位	请购数量	实发数量	计划价格	
						单价	金额
18002	优煤		吨	15	15	200	3 000

用途	A01 产品	领料部门		发料部门	
		负责人	领料人	核准人	发料人
			孙志鸿		赵刚

②仓库记账后转财会科

图 3-11　原始凭证 4

领 料 单

领料部门：机加工车间　　　　开票日期 2019 年 01 月 02 日　　　　字第 0760 号

材料编号	材料名称	规格	单位	请购数量	实发数量	计划价格	
						单价	金额
18001	木炭		吨	15	15	350	5 250

用途	A02 产品	领料部门		发料部门	
		负责人	领料人	核准人	发料人
			史志鸿		邓超

②仓库记账后转财会科

图 3-12　原始凭证 5

领 料 单

领料部门：机加工车间　　　　开票日期 2019 年 01 月 02 日　　　　字第 0761 号

材料编号	材料名称	规格	单位	请购数量	实发数量	计划价格	
						单价	金额
18002	优煤		吨	5	5	200	1 000
用途	A02 产品	领料部门		发料部门			
		负责人	领料人	核准人	发料人		
			史志鸿		邓超		

②仓库记账后转财会科

图 3-13　原始凭证 6

领 料 单

领料部门：机加工车间　　　　开票日期 2019 年 01 月 02 日　　　　字第 0762 号

材料编号	材料名称	规格	单位	请购数量	实发数量	计划价格	
						单价	金额
17001	涂料		千克	600	600	11	6 600
用途	A02 产品	领料部门		发料部门			
		负责人	领料人	核准人	发料人		
			史志鸿		邓超		

②仓库记账后转财会科

图 3-14　原始凭证 7

领 料 单

领料部门：装配车间　　　　开票日期 2019 年 01 月 02 日　　　　字第 0763 号

材料编号	材料名称	规格	单位	请购数量	实发数量	计划价格	
						单价	金额
19001	外壳		个	50	50	1 200	60 000
用途	A01 产品	领料部门		发料部门			
		负责人	领料人	核准人	发料人		
			熊磊		邓超		

②仓库记账后转财会科

图 3-15　原始凭证 8

领　料　单

领料部门：装配车间　　开票日期 2019 年 01 月 02 日　　字第 0764 号

材料编号	材料名称	规格	单位	请购数量	实发数量	计划价格	
						单价	金额
22001	固定架		个	800	800	550	440 000
用途	A01 产品	领料部门		发料部门			
		负责人	领料人	核准人	发料人		
			熊磊		郑超		

②仓库记账后转财会科

图 3-16　原始凭证 9

领　料　单

领料部门：装配车间　　开票日期 2019 年 01 月 02 日　　字第 0765 号

材料编号	材料名称	规格	单位	请购数量	实发数量	计划价格	
						单价	金额
19001	外壳		个	50	50	1 200	60 000
用途	A02 产品	领料部门		发料部门			
		负责人	领料人	核准人	发料人		
			熊磊		郑超		

②仓库记账后转财会科

图 3-17　原始凭证 10

领　料　单

领料部门：装配车间　　开票日期 2019 年 01 月 02 日　　字第 0766 号

材料编号	材料名称	规格	单位	请购数量	实发数量	计划价格	
						单价	金额
22001	固定架		个	500	500	550	275 000
用途	A02 产品	领料部门		发料部门			
		负责人	领料人	核准人	发料人		
			熊磊		郑超		

②仓库记账后转财会科

图 3-18　原始凭证 11

领 料 单

领料部门：装配车间　　　　开票日期 2019 年 01 月 02 日　　　　字第 0767 号

材料编号	材料名称	规格	单位	请购数量	实发数量	计划价格	
						单价	金额
17001	涂料		千克	400	400	11	4 400
用途	A01 产品	领料部门			发料部门		
		负责人		领料人	核准人		发料人
				熊磊			邓超

②仓库记账后转财会科

图 3-19　原始凭证 12

No. 6

证（3）（收账通知）

2019年01月03日

总字第　JK9020　号

字第　110　号

贷款单位名称	楚隆机械有限责任公司	种类	流动资金贷款	贷款户账号	566253680345679
金额	人民币（大写）：壹拾伍万元整			千百十万千百十元角分	¥150000000
用途	生产周转	单位申请期限	自 2019年 1 月 1 日起至2019年 6 月 30 日止	利率	10.89%
		银行核定期限	自 2019年 1 月 1 日起至2019年 6 月 30 日止		

中国工商银行楚隆市
双塔办事处
2019.01.02
转账

上列贷款已核准发放流动资金　贷款。 并已转收你单位　　　　　　账号账户。 银行签章　　2019年01月03日	单位会计分录 收入 .... 付出 .... 复核　　　记账 主管　　　会计

图 3-20　原始凭证 1

短期借款申请书

申请日期：2019年01月02日

企业名称	楚机械有限责任公司	法人代表	邓 超	企业性质	有限责任
地址	楚隆市双塔区部口路86号	财务负责人	宋平武	联系电话	070-64678926
经营范围	生产A01、A02产品	主管部门	机械公司		
借款期限	自2019年1月1日至2019年6月30日			申请金额	150 000元
主要用途及效益说明： 本公司近几年来生产情况很好，产品销售情况有所好转，但由于回收货款困难，特申请短期贷款。					
申请单位财务章： 楚隆机械有限责任公司 财务专用章 财务部门负责人：刘刚 经办人：		信贷员意见： 中国工商银行楚隆市分行 业务专用章 行政主管领导：范丰平 信贷员部门负责人：王超			

图 3-21　原始凭证 2

No. 7

企业发行债券申请书

企业名称 楚隆机械有限责任公司

地　　址: 楚隆市双塔区邵口路86号

电　　话: 070-64678926

债券种类 流动资金

<table>
<tr><td>企业申请发行债券理由</td><td colspan="3">补充流动资金。　　　　申请单位（盖章）
财务责任人：刘刚　章　　法人代表：　章　2018年04月05日
楚隆机械有限责任公司
业务专用章</td></tr>
<tr><td>企业主管部门意见</td><td>同意（盖章）
2018年06月12日</td><td>省市计经委审查查见</td><td>同意　（盖章）
2018年08月15日</td></tr>
<tr><td>开户银行审核意见</td><td colspan="3">同意　　　　开户银行　章
中国工商银行楚隆市分行
业务专用章
经办人：王华　章　　负责人：王楚　章　　2019年01月03日</td></tr>
<tr><td>人民银行审批意见</td><td colspan="3">经审核同意你单位（公开）发行企业债券100万元，用于企业（流动）资金需要，限期两年，利率6%，发行时间为2019年01月05日起至2021年01月05日止，一次还本，分期期付息，发行债券所集资金1 043 270.00元必存入开户银行，本债券发行中不得强行摊派，集资款不得挪做他用。发行债券时，市场利率为5%
审批机关　章
中国工商银行广从市分行
业务专用章
经办员：刘海梅　　行长：李德志　　2019年01月04日</td></tr>
</table>

图 3-22　原始凭证 1

中国工商银行进账单（回单或收账通知）

2019 年 01 月 05 日　　　　第 ZZR201001001 号

收款人	全称	楚隆机械有限责任公司	付款人	全称	中国工商银行广从支行
	账号	4432566253680345679		账号	
	开户银行	中国工商银天祥办事处		开户银行	中国工商银行广从支行

人民币（大写）：壹佰零肆万叁仟贰佰柒拾元整	千	百	十	万	千	百	十	元	角	分
	¥	1	0	4	3	2	7	0	0	0

票据种类	其他（QT201301001）	
票据张数	1	
单位主管　会计　复核　记账		收款人开户行盖章

此联是收款人开户行交给收款的的

回单或收账通知

图 3-23　原始凭证 2

No. 8

固 定 资 产 调 拨 单

调出单位：楚隆市重型机械厂

调入单位：楚隆机械有限责任公司　　2019 年 01 月 05 日　　调拨单号：08425

调拨原因或依据		生产急需				调拨方式	有偿		
固定资产名称	规格及型号	单位	数量	预计使用年限	已使用年限	原　值	已提折旧	净值	协商价格
万能切割机	（生产急需）	台	2	15	5	150 000	12 000	140 000	140 000

调出单位		调入单位		
公章： 财务： 经办：	（公章）	公章： 财务： 经办：	（公章）	备注：

楚隆市重型机械厂 财务专用章

会计主管：刘刚　　　稽核：　　　制单：

楚隆机械有限责任公司 财务专用章

图 3-24　原始凭证 1

中国工商银行
转账支票存根（广从）
支票号码：00770124
附件信息

出票日期：　年　月　日

收款人：
金 额：
用 途：
备 注：

单位主管
会计

本支票付款期十天

中国工商银行转账支票（广从）　　支票号码 00770124

出票日期　　年　月　日　　开户行名称：
收款人：　　签发人账号：

人民币（大写）	亿	千	百	十	万	千	百	十	元	角	分

用途：________________

上列款项请从
我账户内支付
出票人签章　　复核　　记账

图 3-25　原始凭证 2

楚隆机械有限责任公司固定资产验收单　　2019 年 01 月 05 日

使用部门（盖章）	机加工车间	使用部门编号	501	累计折旧	12 000	调拨方式	有偿
固定资产名称	万能切割机	型号	XXIV30	规格	VTS2010	预计使用年限	11
数量	2	单价（元）	70 000	总价（元）	小写：140 000		
					大写：壹拾肆万元整		
资产类别	041	存放地点	2 车间		使用部门验收意见		合格

第一联财务部门留存

部门负责人：梁华晶　　领用人：　　验收人：熊磊　　经手人：刘琳

图 3-26　原始凭证 3

No. 9

捐赠单位：楚隆市易达配件公司

固定资产转移单

接受单位：楚隆机械有限责任公司　　2019年01月05日　　调拨单号：0032

调拨原因或依据		捐　赠				调拨方式	无　偿	
固定资产名称	规格及型号	单位	数量	预计使用年限	已使用年限	原值	已提折旧	净值
装压机	不锈钢III型	台	3	15		$120 000.00		

捐赠单位		接受单位	
公章： 财务：陈琳 经办：吴升	（公章）	公章： 财务：刘刚 经办：李兰	（公章）

楚隆市易达配件公司 业务专用章　　楚隆机械有限责任公司 财务专用章

会计主管：蒲金　　稽核：　　制单：

图 3-27　原始凭证 1

海城会计师事务所文件

★

楚隆　〔2019〕字第 015　号

资产评估报告

楚隆机械有限责任公司：

我所受贵单位的委托，依据《中华人民共和国国有资产评估办法》《中华人民共和国注册会计师法》《工业企业会计制度》等的规定，对贵公司接受科能公司捐赠的装压机3台进行评估。原始价值120 000美元，当日汇率6.80，固定资产按现行市价确定价值为1 068 000元（含税价），预计尚可使用10年。

评估员：伍　海

中国注册会计师：王一达

海城会计师事务所

海城会计师事务所 2019年01月05日 业务专用章

图 3-28　原始凭证 2

楚隆机械有限责任公司固定资产验收单

2019 年 01 月 05 日

使用部门（盖章）	装配车间	使用部门编号	501	累计折旧		调拨方式	有偿
固定资产名称	装压机	型号	不锈钢III型	规格	不锈钢III型	预计使用年限	10 年
数量	3	单价（元）	356 000	总价（元）	小写：1 068 000		
					大写：壹佰万零陆万捌仟元整		
资产类别	041	存放地点	1 号装配车间		使用部门验收意见		合格

第一联财务部门留存

部门负责人：梁华晶　领用人：　　验收人：熊磊　经手人：刘琳

图 3-29　原始凭证 3

No. 10

楚隆市增值税专用发票

楚隆市
国家税务总局监制

核对号：（略）

此联不作报销、扣税税凭证使用开票日期：2019年01月05日　No 02405901

购货单位	名　　称：南昌机电公司 纳税人识别号:325687415014743 地址、电话:地址B 开户行及账号：中国工商银行南昌支行 35668562607866526	密码区	略

货物或应税劳务名称	规格型号	单位	数量	单价	金额	税率	税额
A01产品		台	18	43 000.00	774 000.00	13%	100 620.00
AO2产品		台	12	30 000.00	360 000.00	13%	46 800.00
合计					1 134 000.00		147 420.00
价税合计(大写)	ⓧ壹佰贰拾捌万壹仟肆佰贰拾元整　（小写）1 281 420.00						

销货单位	名称：楚隆机械有限责任公司 纳税人识别号:564325670654778 地址、电话:楚隆市双塔区邵口路86号　070-64678926 开户行及账号：中国工商银行双办事处　　账号为：4432566253680345679	备注	

南昌机电公司
发票专用章

第三联：记账联销货方记账凭证

收款人：　　复核：　　开票人：刘升　　销售单位章

图 3-30　原始凭证 1

(邮)

托收凭证（受理回单）

第 1 号

托收号码：TH201001001

委托日期：　　年　　月　　日

业务类型	委托收款（□邮查、□电划）　　委托承付（□邮查、□电划）						
付款人	全称			收款人	全称		
	账号				账号		
	在址	开 户			地址	开户行	
金额	人民币（大写）：				千百十万千百十元角分		
款项内容		托收凭证名称		附寄单证张数		合同名称号码	
商品发运情况		合同名称号码					
备注：		款项收妥日期　年　月　日				（收款人开户银行盖章）　月　日	

单位主管：　　　　会计：　　　　复核：　　　　记账：

图 3-31　原始凭证 2

中国工商银行广从市分行邮、电、手续费收费凭证（借方凭证）①

2019 年 01 月 05 日　　　　转GC20100100023号

缴款人名称：楚隆机械有限责任公司		信（电）汇　笔　汇票　笔　其他　笔	
账　号：4432566253680345679		异托、委托 1 笔　支票　专用托收　笔	
邮费金额（百十元角分）	电报费金额（百十元角分）	手续费金额（百十元角分）：1500	合计金额（百十元角分）：¥1500
合计金额	人民币（大写）：壹拾伍元整		

科目	中国工商银行楚隆市双塔办事处 2019.01.05
对方科目	转账
复核　记账	
复票　制表	

图 3-32　原始凭证 3

货　票

A No04313

计划号码或运输号码　楚隆市铁路局　丙联　承运及收款凭证：发站→托运人

发站	楚隆	到站(局)	南昌	车种车号	货车98号		货车标重		承运人/托运人装车	
经由	广州	货物运到期限	01.05	施封号码或铁路篷布号码						
运价里程	2100公里	集装箱箱型		保价金额	192 780.00		现付费用			
							费别	金额	费别	金额
托运人名称及地址	楚隆机械有限责任公司						运费	3 200		
收货人名称及地址	南昌机电公司						基金1			
货物品名	品名代码	件数	货物重量	计量重量	运价号	运价率	基金2			
A01		12					印花税			
合计										
集装箱号码										
记事							合计	3 200		

发站承运日期戳

楚隆铁路分局
楚隆站

图 3-33　原始凭证 4

产品出库单

用途：销售　　2019 年 01 月 05 日　　凭证编号：10001

购货单位：　　产成品库：一号库

类别	编号	名称及规格	计量单位	数量	单位成本	总成本
0301	0301001	A01 产品	台	18		
0302	0302001	A02 产品	台	12		

负责人：　出库经手人：　仓库负责人：　制表人：邓超

图 3-34　原始凭证 5

No. 11

中国工商银行信汇凭证（收账通知或取款收据） 4

第1740号

委托日期：2019年01月06日　　　　应解汇款编号：xh20100100

<table>
<tr><td rowspan="4">汇款人</td><td>全称</td><td colspan="3"></td><td rowspan="4">收款人</td><td>全称</td><td colspan="3"></td></tr>
<tr><td>账号
或地址</td><td colspan="3"></td><td>账号
或地址</td><td colspan="3"></td></tr>
<tr><td>汇出
地点</td><td>省 市 县</td><td>汇出行
名称</td><td></td><td>汇出
地点</td><td>省 市
县</td><td>汇出行
名称</td><td>天祥办事处</td></tr>
<tr></tr>
<tr><td>金额</td><td colspan="8">人民币
（大写）</td><td>千 百 十 万 千 百 十 元 角 分</td></tr>
<tr><td colspan="6">汇款用途：偿还贷款</td><td colspan="4">留行待取预留
收款人印鉴</td></tr>
<tr><td colspan="4">上列款项已根据委托办理，如须查询，请持此回单来行面洽。

汇款人盖章
2019年01月06日</td><td colspan="2">上列款已照收无误
收款人盖章
2019年01月06日
（中国工商银行楚隆市双塔办事处 2019.01.06 转账）</td><td colspan="4">科目（借）______　对方科目（贷）
汇入行解汇日期　年　月　日
复核　记账　出纳</td></tr>
</table>

图 3-35　原始凭证 1

债务重组协议

甲方（债权方）：广昌机械有限责任公司

乙方（债务方）：大连重型机械厂

2018年11月10日乙方购甲方产品欠款351 000元，由于乙方企业调整、资金周转困难，货款一直未能支付。现经双方多次协调，达成新的付款协议，达成新的付款协议，乙方以300 000元，清偿前欠甲方的货款。

本协议自双方签章开始生效。

甲方：广昌机械有限责任公司　（楚隆机械有限责任公司 业务专用章）　　乙方：南方机电公司　（南昌机电公司 业务专用章）

法人代表：　　　　法人代表：

2019年01月6日　　　　2019年01月6日

图 3-36　原始凭证 2

No. 12

安徽增值税专用发票

抵扣联

核对号：（略）　开票日期：2019年01月06日　　No 08505903

购货单位	名称：楚隆机械有限责任公司 纳税人识别号:564325670654778 地址、电话:楚隆市双塔区部口路86号 070-64678926 开户行及账号：中国工商银行双办事处　账号为：4432566253680345679	密码区	略

货物或应税劳务名称	规格型号	单位	数量	单价	金额	税率	税额
起重机	KJZJ-1247	台	1	31 200.00	31 200.00	13%	4 056.00
合计				31 200.00	31 200.00		4 056 00
价税合计(大写)	ⓧ佰ⓧ拾叁万伍仟贰佰伍拾陆元整				（小写）35 256.00		

销货单位	名称：合肥市起重机厂 纳税人识别号:435622670654778 地址、电话:合肥市吉祥路44号 开户行及账号：中国工商银行合肥吉祥办事处486723680345679。	备注	

收款人：　复核：　开票人：刘升　销售单位章

合肥市起重机厂 658221974207264 发票专用章

第一联：抵扣联购货方抵税凭证

图 3-37　原始凭证 1

安徽增值税专用发票

发票联

核对号：（略）　开票日期：2019年01月06日　　No 08505903

购货单位	名称：楚隆机械有限责任公司 纳税人识别号:564325670654778 地址、电话:楚隆市双塔区部口路86号 070-64678926 开户行及账号：中国工商银行双塔办事处　账号为：4432566253680345679	密码区	略

货物或应税劳务名称	规格型号	单位	数量	单价	金额	税率	税额
起重机	KJZJ-1247	台	1	31 200.00	31 200.00	17%	4 056.00
合计				31 200.00	31 200.00	17%	4 056.00
价税合计(大写)	ⓧ佰ⓧ拾叁万伍仟贰佰伍拾陆元整				（小写）35 256.00		

销货单位	名称：合肥市起重机厂 纳税人识别号:435622670654778 地址、电话:合肥市吉祥路44号 开户行及账号：中国工商银行合肥吉祥办事处486723680345679。	备注	

收款人：　复核：　开票人：刘升　销售单位章

合肥市起重机厂 658221974207264 发票专用章

第三联：发票联购货方记账凭证

图 3-38　原始凭证 2

安微省施工企业统一发票

发　票

购货单位：楚隆机械有限责任公司　　　　2019年01月6日

货号	品名规格或加工修理	计量单位	数量	单价	金额 十	万	千	百	十	元	角	分	备注
	安装费						1	8	0	0	0	0	
合计人民币（大写）：壹仟捌佰零拾零元零角零分						¥	1	8	0	0	0	0	

②发票联

合肥市起重机厂 658221974207264 发票专用章

企业盖章　　地址　　财务：　　开票：吴格梅

图 3-39　原始凭证 3

中国工商银行信汇凭证（回单）　　第 XH201001001　号

委托日期：　　年　　月　　日

汇款人	全称		收款人	全称		
	账号或地址			账号或地址		
	汇出地点	省　市县	汇出行名称		汇出地点	省　市县	汇出行名称

金额	人民币（大写）：	千	百	十	万	千	百	十	元	角	分

汇款用途：

上列款项已根据委托办理，如须查询，请持些回单来行面洽。

单位主管　　会计　　复核　　记账

汇出行盖

年　月　日

图 3-40　原始凭证 4

楚隆机械有限责任公司固定资产验收单 2019 年 01 月 06 日

使用部门（盖章）	装配车间	使用部门编号	502	累计折旧		调拨方式	有偿
固定资产名称	起重机	型号	KJZJ-1247	规格	K2014	预计使用年限	10
数量	2	单价（元）	70 000	总价（元）	小写：140 000		
					大写：壹拾肆万元整		
资产类别	041	存放地点	2 车间		使用部门验收意见		合格

第一联财务部门留存

部门负责人：梁华晶　　领用人：　　验收人：熊磊　　经手人：刘琳

图 3-41　原始凭证 5

No. 13

楚隆市增值税专用发票

此联不作报销、扣税税凭证使用开票日期：2019年01月06日 No 02405922

购货单位	名称：南昌机电公司 纳税人识别号:325687415014743 地址、电话:地址B 开户行及账号：中国工商银行南昌支行3466385626	密码区	略

货物或应税劳务名称	规格型号	单位	数量	单价	金额	税率	税额
AO2产品		台	6	28 000.00	168 000.00	13%	21 840.00
合计					168 000.00		189 840.00
价税合计(大写)	ⓧ壹拾捌万玖仟捌佰肆拾元整　（小写）189 840.00						

销货单位	名称：楚隆机械有限责任公司 纳税人识别号:564[illegible]2[illegible]70654778 地址、电话:楚隆市双塔区部口路86号 070-64678926 开户行及账号：中国工商银行双塔办事处　账号为：4432566253680345679	备注	

收款人：　　复核：　　开票人：刘升　　销售单位章

第三联：记账联销货方记账凭证

图 3-42　原始凭证 1

中国工商银行进账单（回单或收账通知）

2019 年 01 月 06　　　　　　　　　　第 ZZ201001001 号

收款人			付款人		
收款人	全称	楚隆机械有限责任公司	付款人	全称	南昌机电公司
	账号	4432566253680345679		账号	3466385626
	开户银行	中国工商银行双塔办事处		开户银行	地址 B

人民币（大写）	千	百	十	万	千	百	十	元	角	分
：壹拾玖万陆仟伍佰陆拾元整		¥	1	9	6	5	6	0	0	0

票据种类		中国工商银行楚隆市 双塔办事处 2019.01.06 转账
票据张数		
单位主管　会计　复核　记账		收款人开户行盖章

回单或收账通知　此联是收款人开户行交给收款的

图 3-43　原始凭证 2

No. 14

广西增值税专用发票

抵扣联

全国统一发票监制　广西省南宁市　国家税务总局监制

开票日期：2019 年 01 月 06 日　　　　No 02505916

购货单位	名称：楚隆机械有限责任公司 纳税人识别号：564325670654778 地址、电话：楚隆市双塔区邵口路 86 号　070-64678926 开户行及账号：中国工商银行双办事处账号为：4432566253680345679				密码区	略	
货物或应税劳务名称	规格型号	单位	数量	单价	金额	税率	税额
钢管		吨	6	3 300.00	19 800.00	13%	2 574.00
合计					19 800.00		2 574.00
价税合计（大写）	ⓧ佰ⓧ拾贰万贰仟叁佰柒拾肆元整				（小写）22 374.00		
销货单位	名称：南宁钢铁公司一分厂 纳税人识别号：223622670654778 地址、电话：南宁市邵州路 65 号 开户行及账号：中国工商银行合肥吉祥办事处 356473680345679。				备注	南宁市钢铁公司一分厂 120250568034062 发票专用章	

收款人：　　　复核：　　　开票人：刘升　　　销售单位章

第一联：抵扣联　购货方抵税凭证

图 3-44　原始凭证 1

广西省增值税专用发票

抵扣联

开票日期：2019 年 01 月 06 日　　No 02505916

购货单位	名称：楚隆机械有限责任公司 纳税人识别号：564325670654778 地址、电话：楚隆市双塔区邵口路 86 号　070-64678926 开户行及账号：中国工商银行双办事处账号为：4432566253680345679				密码区	略	
货物或应税劳务名称	规格型号	单位	数量	单价	金额	税率	税额
钢管		吨	6	3 300.00	19 800.00	13%	2 574.00
合计					19 800.00		2 574.00
价税合计(大写)	ⓧ佰ⓧ拾贰万贰仟叁佰柒拾肆元整　（小写）22 374.00						
销货单位	名称：南宁钢铁公司一分厂 纳税人识别号：223622670654778 地址、电话：南宁市邵州路 65 号 开户行及账号：中国工商银行合肥吉祥办事处 356473680345679。				备注		

收款人：　　复核：　　开票人：刘升　　销售单位章

（印章：全国统一发票监制章　广西省国家税务局监制；南宁市钢铁公司一分厂　120250568034062　发票专用章）

第三联：发票联　购货方记账凭证

图 3-45　原始凭证 2

中国工商银行信汇凭证（回单）　　第 XH201001002　号

委托日期：　　年　　月　　日

汇款人	全称			收款人	全称											
	账号或地址				账号或地址											
	汇出地点	省　市县	汇出行名称		汇出地点	省　市县	汇出行名称									
金额	人民币(大写)：						千	百	十	万	千	百	十	元	角	分
汇款用途：							汇出行盖									
上列款项已根据委托办理，如须查询，请持些回单来行面洽。																
单位主管　会计　复核　记账							年　月　日									

图 3-46　原始凭证 3

货 票

A No04313

计划号码或运输号码 南宁市铁路局 丙联 承运及收款凭证：发站 ⟶ 托运人

发站	南宁	到站(局)	楚隆	车种车号		货车悚号		货车标重		承运人/托运人装车
经由	广州	货物运到期限	12.5	施封号码或铁路篷布号码						
运价里程	700公里	集装箱箱型		保价金额		198 000.00	现付费用			
							费别	金额	费别	金额
托运人名称及地址	广安市钢铁公司一分厂						运费	1 600		
收货人名称及地址	楚隆机械有限责任公司						基金1			
货物品名	品名代码	件数	货物重量	计量重量	运价号	运价率	基金2			
管钢			6吨	6吨		300	印花税			
合计										
集号装箱码										
记事							合计	1600		

发站承运日期戳

南宁铁路分局 南宁站 经办人章

图 3-47 原始凭证 4

No. 15

偿还贷款凭证（第一联）

2019年01月07日 No HD201001001

借款单位名称	楚隆机械有限责任公司	贷款账号	6523	结算账号	566253680345679								
还款金额（大写）	贰拾万元整				百	十	万	千	百	十	元	角	分
					¥	2	0	0	0	0	0	0	0
贷款种类	短期借款	借出日期	2017年06月7日	原约定还款日期	2019年01月7日								
上列款项请由本单位6645253680账户内偿还到期贷款	楚隆机械有限责任公司 财务专用章 借款单位盖章	会计分录：收 付	复核员 记账员	中国工商银行楚隆市双塔办事处 2019.01.07 转账									

偿还贷款收据

图 3-48 原始凭证

No. 16

贴现凭证（收账通知）　**4**　第 TX201001001 号

填写日期 2019 年 01 月 07 日

申请人	全 称	楚隆机械有限责任公司		贴现汇票	种类	商业汇票	号码
	账 号	4432566253680345679			发票日	2018年11月22日	
	开户银行	中国工商银行双塔办事处			到期日	2019年02月22日	
汇票承兑人（或银行）	名称	南方机电公司	账号	6632566253680345686	开户银行	中国工商银行南昌支行	
汇票金额（即贴现金额）	人民币（大写）	柒万玖仟贰佰元整				¥79200.00	
贴现率每年	8.3%	贴现利息	¥839.96	金额		转账 ¥78360.04	
上述款项已入你单位账户。 此 致 银行盖章 2019年01月07日							

中国工商银行广从市 双塔办事处 2019.01.07 转账

此联银行给贴现申请人的收账通知

图 3-49　原始凭证

No. 17

公司因合同违约而涉及一桩诉讼案。根据企业法律顾问的判断，最终的判决很可能对本企业不利。上年末尚未接到法院判决，因此诉讼须承担的赔偿金额也无法准确确定。据估计，赔偿金额为 60 000 元。

财务科长：刘刚

2019 年 01 月 08 日

图 3-50　原始凭证

No. 18

中国工商银行双塔办事贷款利息凭证

2019年 01 月 08 日　　　　No LX201001001

收款单位	账 号	44325660006803450010	付款单位	账 号	4432566253680345679
	户 名	营业收入		户 名	楚隆机械有限责任公司
	开户银行	双塔办事处		开户银行	工商银行双塔办事处
积数：1460000		利率：10.89%		利息 39312.90	
________户第四季度利息				科目________ 对方科目________ 复核员：　记账员：	

中国工商银行双塔市 2019.01.08 转账

付款凭证

图 3-51　原始凭证

No. 19

楚隆市人民医院
门诊医疗费收据

日期：2019 年 01 月 08 日　　No 8849217

姓名：陈楚军　　　　性别：男

项目	百	十	元	角	分	
检查费		5	0	0	0	现金付讫
治疗费						
放射费						
手术费						
化验费						
输血费						
输氧费						备　注
观察费						1、收据丢失不补
西药费	1	5	0	0	0	2、无收讫印无效
中成药费		5	0	0	0	3、检查费包括心
中草药费						电、脑电、B 超、
自费中药						镜检等各种仪器
自费西药						检查。
						¥：250.00
人民币（大写）：贰佰伍拾零元零角零分						

（印章：楚隆人民医院 财务专用章）

图 3-52　原始凭证

No. 20

中国工商银行
转账支票存根（楚隆）
支票号码：00770125
附件信息

出票日期：　年　月　日

收款人：
金 额：
用 途：
备 注：

单位主管
会计

本支票付款期十天

中国工商银行转账支票（楚隆）　　　支票号码 00770125

出票日期　　年　月　　日　　　　开户行名称：
收款人：　　　　　　　　　　　　签发人账号：

人民币（大写）	亿	千	百	十	万	千	百	十	元	角	分

用途：

上列款项请从
我账户内支付
出票人签章　　　　　　　　　复核　　　记账

图 3-53　原始凭证 1

楚隆市报刊发行专用发票

段别	户名	楚隆机械有限责任公司			
	地址	楚隆市双塔区邵口路86号	自费/公费订阅	日期01月09日	

报纸代号	报刊名称	订阅份数	起止订购	每份/月份	共计款额 万 千 百 十 元 角 分
	楚隆日报等	60	2019年1-12月		5 [illegible] 0 0 0 0
人民币（大写）：x万肆仟陆佰零拾零元零角零分					¥5 5 0 0 0 0

①报销凭证

收款单位（盖章有效）　收款人：李四　开票人：李玲

（印章：楚隆市双塔邮电局 财务专用章）

图 3-54　原始凭证 2

No. 21

楚隆市机床经销公司一笔应收账款 4 000 元，经确认作为坏账损失处理。 财务科长：刘刚 2019 年 01 月 09 日

图 3-55　原始凭证

No. 22

湖南省增值税专用发票

抵扣联

（印章：全国统一发票监制章 湖南长沙市 国家税务总局监制）

核对号：（略）开票日期：2019年01月10日　　No 02505805

购货单位	名称：楚隆机械有限责任公司 纳税人识别号：564325670654778 地址、电话：楚隆市双塔区邵口路86号　070-64678926 开户行及账号：中国工商银行双办事处　账号为：4432566253680345679					密码区	略
货物或应税劳务名称	规格型号	单位	数量	单价	金额	税率	税额
固定架		台	1	43 000.00	43 000.00	13%	5 590.00
合计					43 000.00		5 590.00
价税合计（大写）	ⓧ佰ⓧ拾肆万捌仟伍佰玖拾元整				（小写）48 590.00		
销货单位	名称：长沙机电集团 纳税人识别号：456648670654326 地址、电话：长沙市工业路85号 开户行及账号：中国工商银行长沙工业路办事处356473680345679					备注	

收款人：　复核：　开票人：王达　销售单位章

（印章：长沙机电集团 560250568034062 发票专用章）

第一联：抵扣联　购货方抵税凭证

图 3-56　原始凭证 1

湖南省增值税专用发票

发　票　联

核对号：（略）　开票日期：2019年01月07日　　　№ 02505805

购货单位	名称：楚隆机械有限责任公司 纳税人识别号:564325670654778 地址、电话：楚隆市双塔区邵口路86号070-64678926 开户行及账号：中国工商银行双办事处　　账号为：4432566253680345679	密码区	略

货物或应税劳务名称	规格型号	单位	数量	单价	金额	税率	税额
固定架		台	1	43 000.00	43 000.00	13%	5 590.00
合计					43 000.00		5 590.00
价税合计（大写）	⊗佰⊗拾肆万捌仟伍佰玖拾元整			（小写）48 590.00			

销货单位	名称：长沙机电集团 纳税人识别号：456648670654326 地址、电话：长沙市工业路85号 开户行及账号：中国工商银行长沙工业路办事处356473680345679。	备注	

收款人：　　　复核：　　　开票人：刘升　　　销售单位章

第三联：发票联　购货方记账凭证

图 3-57　原始凭证 2

货　票

计划号码或运输号码　长沙铁路局　　丙联　　承运及收款凭证：发站→托运人

发站	长沙	到站(局)	广化	车种车号	货车125号	货车标重		承运人/托运人装车
经由	广州	货物运到期限		施封号码或铁路篷布号码				
运价里程	5000公里	集装箱箱型		保价金额	39 195.00	现付费用		
						费别	金额	费别	金额
托运人名称及地址	长沙机电信团					运费	3 000		
收货人名称及地址	广昌机械有限责任公司					基金1			

货物品名	品名代码	件数	货物重量	计量重量	运价号	运价率	费别	金额	费别	金额
							基金2			
固定架		100				30	印花税			
合计										
集装箱号码										
记事										
							合计	3 000		

发站承运日期戳

图 3-58　原始凭证 3

No. 23

中华人民共和国　　　　No 1178138

税 收 缴 款 书

收入机关：市税务局　　　填发日期2019年01月09　　　隶属关系：

经济类型：

预算科目	款（税种）	国税	缴款单位（人）	代　码	8322002
	顶			全　称	楚隆机械有限责任公司
	级次	市级		开户银行	工商银行天祥办事处
收款国库		市国库		账　号	4432566253680345679

税款所属时期2018年12月1日-12月31日　　税款限缴日期　2019年01月10日

品目名称	课税数量	计税金额或销售收入	税率或单位税额	已缴或扣除额	亿	千	百	十	万	千	百	十	元	角	分
增值税			13%					1	3	3	5	9	4	1	2
金额合计（大写）：壹拾叁万叁仟伍佰玖拾肆元壹角贰分							¥	1	3	3	5	9	4	1	2

缴款单位（人）（盖章） 经办人（章）	税务机关（盖章） 填票人（章）	上列款项已收妥并划转收款单位账户 国库（银行）盖章2019年01月09日	备注：

缴款单位电话：　　　逾期不缴按税法规定加收滞纳金　　　缴款单位所属行业：

（印章：楚隆机械有限责任公司 财务专用章；楚隆市税务局 财务专用章；中国工商银行楚隆市双塔办事处 2019.01.09 转账）

图 3-59　原始凭证

No. 24

收　据

附件1张　　　　2019年01月09日　　　　第　号

交款单位　机加工车间　　　　交款人　史志红

交　来　违章操作罚款

人民币（大写）　叁佰元整　　¥　300.00

收款单位　会计主管人　刘刚　收款人　邓海梅

图 3-60　原始凭证 1

罚款通知单

财务科：

工人史志红违章操作，经厂长办公会决定，对其罚款 300 元。

厂长办公室

2019 年 01 月 09 日

图 3-61 原始凭证 2

No. 26

中国工商银行**汇票委托书**（存 根） 1

委托日期 2019 年 1 月 9 日 第 165 号

汇款人	楚隆机械有限责任公司			收款人	湘潭大志煤矿
账号或地址	4432566253680345679			账号或地址	5662536803456792360
兑付地点	楚隆市	兑付行	工商行	汇款用途	购煤
汇款金额	人民币（大写）	陆仟柒佰陆拾柒元整		千百十万千百十元角分	¥676700
备注				科目 对方科目 财务主管 复核 经办	

中国工商银行楚隆市
双塔办事处
2019.01.09
转
账

图 3-62 原始凭证 1

中国工商银行广从市分行邮、电、手续费收费凭证（借方凭证）①

2019年 01 月 09 日 No sxf0022

缴款人名称：楚隆机械有限责任公司																				信（电）汇 笔 汇票 笔 其他 笔
账 号：																				异托、委托1 笔 文票 托收 笔
邮费金额					电报费金额					手续费金额					合计金额					科目
百	十	元	角	分	百	十	元	角	分	百	十	元	角	分	百	十	元	角	分	
											¥	5	0	0		¥	5	0	0	对方科目
合计金额	人民币：伍元整（大写）																			复核 记账 复票 制表

中国工商银行楚隆市
双塔办事处
2019.01.09
转
账

图 3-63 原始凭证 2

No. 27

领 料 单

领料部门：机修分厂　　　　开票日期 2019 年 01 月 10 日　　　　字第 0788 号

材料编号	材料名称	规格	单位	请购数量	实发数量	计划价格	
						单价	金额
15001	钢管		吨	2	2	3 200	6 400
用途	检修基本生产厂设备	领料部门			发料部门		
		负责人		领料人	核准人		发料人
		赵海光		江积成			邓超

②仓库记账后转财会科

图 3-64　原始凭证 1

楚隆市维修服务企业专用发票

购货单位（全称）　楚隆机械有限责任公司　　　　第 0082690

发　票　联

2019年01月10日

编号	产品名称（项目）	规格	件数	单位	数量	单价		百	十	万	千	百	十	元	角	分
	修理支出									¥	9	3	0	0	0	0
人民币合计（大写）		玖仟叁佰元整														
开户银行账号	工行大石办事处 25556452685672	结处方式	转账	合同			提货地点									
备注	委托市设备大修厂进行二个基本生产车间检修															

（金额栏表头：金　额）

第二联　发　票

企业盖章：　　　　会计：　　　　复核：　　　　、制单：

图 3-65　原始凭证 2

中国工商银行
转账支票存根（广从）
支票号码：00770125
附件信息

出票日期：　年　月　日

收款人：
金 额：
用 途：
备 注：

单位主管
会计

本支票付款期十天

中国工商银行转账支票（广从）　　支票号码 00770125

出票日期　年　月　日　　开户行名称：
收款人：　　签发人账号：

	亿	千	百	十	万	千	百	十	元	角	分
人民币（大写）											

用途：
上列款项请从
我账户内支付
出票人签章　　复核　　记账

图 3-66　原始凭证 3

No. 28

(邮)

托收凭证（收账通知）　　第 1 号

托收号码：001001002

委托日期：　年　月　日

业务类型		委托收款（□邮划、□电划）　委托承付（□邮划、□电划）					
付款人	全称	南昌机电公司		收款人	全称		
	账号				账号		
	在址		开户行		地址		开户行
金额		人民币（大写）：			千百十万千百十元角分		
款项内容		托收凭证名称		附寄单证张数		合同名称号码	
商品发运情况				合同名称号码			
备注：		款项收妥日期　年　月　日				（收款人开户银行盖章）　月　日	

中国工商银行楚隆市
双塔办事处
2019.01.10
转
账

此联为收款人开户银行在款项收妥后给收款人的收账通知

单位主管：　　会计：　　复核：　　记账：

图 3-67　原始凭证

No. 29

调出单位：楚隆机械有限责任公司

固定资产转移单

调入单位：市机电一分厂　　2019 年 01 月 10 日　　调拨单号：00448

调拨资产名称		投资				调拨方式	有　偿	
固定资产名称	规格及型号	单位	数量	预计使用年限	已使用年限	原值	已提折旧	净值
打孔机				10	2	38 000	7 372	30 628

捐赠单位		接受单位	
公章：楚隆市机电一分厂 财务专用章 财务：陈琳 经办：吴升	（公章）	公章：楚隆机械有限责任公司 财务专用章 财务：刘刚 经办：李兰	（公章）

会计主管：刘刚　　稽核：　　制单：向军

（注：该打孔机是由装配车间使用）

图 3-68　原始凭证 1

中国工商银行进账单（回单或收账通知）　**1**

2019 年 01 月 10 日　　第 JZD201001002 号

收款人	全称	楚隆机械有限责任公司	付款人	全称	市机电一分厂
	账号			账号	5662536803568412426
	开户银行	中国工商银行双塔办事处		开户银行	莞城办事处
人民币（大写）	：叁拾万零叁仟零伍拾元整			千百十万千百十元角分	¥ 3 0 3 0 5 0 0 0
票据种类			中国工商银行楚隆市双塔办事处 2019.01.10 转账		
票据张数					
单位主管　会计　复核　记账				收款人开户银行盖章	

此联是收款人开户行交给收款人的回单或收账通知

图 3-69　原始凭证 2

No. 30

偿还贷款凭证（第一联）

2019年01月10日　　　　No hd201001002

借款单位名称	楚隆机械有限责任公司	贷款账号	6523	结算账号	85353775							
还款金额（大写）	伍拾万元整			百	十	万	千	百	十	元	角	分
				¥	5	0	0	0	0	0	0	0
贷款种类	长期借款	借出日期	2019年01月10日	原约定还款日期	2019年01月10日							

上列款项请由本单位6425368账户内偿还到期贷款 借款单位盖章	会计分录： 收 付 复核员　　记账员

图 3-70　原始凭证

No. 31

短　期　借　款　申　请　书

2018年12月05日

企业名称	楚隆机械有限责任公司	法人代表	张志鸿	企业性质	
地址	楚隆市双塔区部口路68号	财务负责人	刘刚	联系电话	86204883
经营范围	生产各种机床	主管部门	机械集团		
借款期限	自2019年01月10日至2019年03月10日			申请金额	500 000.00

主要用途及效益说明：

由于设备陈旧，生产效率低，申请技术改造贷款。

申请单位财务章 财务部门负责人：刘刚	信贷员意见： 行政主管领导：胡成章　　信贷部门负责人：刘凯

图 3-71　原始凭证 1

中国工商银行进账单(收账通知) 1　　第 zjd201001006号

收款人	全称		付款人	全称	
	账号			账号	
	开户银行			开户银行	
人民币(大写)			千百十万千百十元角分		
票据种类					
票据张数					
单位主管　会计　复核　记账			收款人开户行盖章		

中国工商银行楚隆市
双塔办事处
2019.01.10
转
账

图 3-72　**原始凭证 2**

No. 32

固定资产清理报废单

2019 年 01 月 11 日　　　　编号：0012456

主管部门：机加工车间				使用单位	楚隆机械有限责任公司				
名称及型号	单位	数量	原始价值	已提折旧	净值	预计使用年限	实际使用年限	支付清理费	收回变价收入
锅炉	台	1	187 000	37 867.50	149 132.50	10		4 500	170 000
建造单位	建造年份	出厂号		申请报废原因	不适应生产需要				
工程锅炉厂	2016-12-31								

调出单位公章　　　主管人：　　　调入单位公章

图 3-73　**原始凭证 1**

中国工商银行进账单(回单或收账通知) 1

2019年 01月 11日　　　第 JZD201001003 号

收款人	全称	楚隆机械有限责任公司	付款人	全称	市物资回收公司
	账号	443256625368034 5679		账号	566253680335462 1022
	开户银行	中国商银行双塔办事处		开户银行	中国商银行振兴路86号
人民币(大写)			千百十万千百十元角分		
票据种类			收款人开户银行盖章		
票据张数					
单位主管　会计　复核　记账					

中国工商银行楚隆市
双塔办事处
2019.01.11
转
账

图 3-74　**原始凭证 2**

中国工商银行 转账支票存根（楚隆） 支票号码：00770126 附件信息	本支票付款期十天	中国工商银行转账支票（楚隆）	支票号码 X-ZZW00770126
出票日期：　年　月　日		出票日期　年　月　日 收款人：	开户行名称： 签发人账号：
收款人： 金 额： 用 途： 备 注：		人民币 （大写）	
单位主管 会计		用途： 上列款项请从 我账户内支付 出票人签章　　复核　　记账	

亿	千	百	十	万	千	百	十	元	角	分

图 3-75　原始凭证 3

No. 33

固定资产联营转移单

投出单位：市机床附件厂

投入单位：楚隆机械有限责任公司

转移原因	联营投资				税金：		转移单号：00845	
名称	型号	单位	数量	预计使用年限	已使用年限	原值	已提折旧	净值
万能铣床		台	1	10	2	36 000	6 984	29 016
调出单位				调入单位				
财务科长：				财务科长：				
设备科长：				设备科长：				

楚隆市机床附件厂 财务专用章　　楚隆机械有限责任公司 财务专用章

（注：该设备为机加工车间使用）

图 3-76　原始凭证 1

广从[2019]字第201号

资产评估报告

广昌机械有限责任公司

我所受贵单位的委托，依据《中华人民共和国国有资产评估办法》、《中华人民共和国注册会计师法》和《企业会计制度》规定，对贵公司接受机床附件厂投入的万能铣床1台进行评估。原始价值36 000元，已提折旧6 984元，固定资产按净资值评估确定价值为29 016元。

评估员：刘军

中国注册会计师：贺静

江城会计师事务所
2019年01月11日
业务专用章

图 3-77 原始凭证 2

中国工商银行电汇凭证（回单） 1 第 dh201001002 号

委托日期： 年 月 日

汇款人	全称	楚隆机械有限责任公司			收款人	全称	武汉钢铁厂		
	账号或地址	4432566253680345679				账号或地址	625565655278980212		
	汇出地点	省 市县	汇出行名称	大安办事处		汇出地点	南京省 市县	汇出行名称	岩口办事处
金额	人民币（大写）：贰拾捌万陆仟元整						千百十万千百十元角分	¥ 2 9 0 1 6 0 0	
汇款用途：偿还货款									

上列款项已根据委托办理，如须查询，请持些回单来行面洽。

中国工商银行楚隆市双塔办事处 2019.01.11 转账 汇出行盖

单位主管 会计 复核 记账

2019年01 月 11

此联是汇出银行给汇款人的回单

图 3-78 原始凭证 3

中国工商银行广从市分行邮、电、手续费收费凭证（借方凭证）①

2019年01月11日　　No sxf201001003

缴款人名称：楚隆机械有限责任公司	信（电）汇　笔　汇票　笔　其他　笔
账　号：4432566253680345679	异托、委托1笔　支票　专用托收　笔

邮费金额					电报费金额					手续费金额					合计金额					科目
百	十	元	角	分	百	十	元	角	分	百	十	元	角	分	百	十	元	角	分	对方科目
												4	2	0		¥	4	2	0	
合计金额	人民币：肆元贰角整（大写）																			复核　记账 复票　制表

中国工商银行楚隆市双塔办事处 2019.01.11 转账

图3-79　原始凭证4

No. 34

根据前面提供的期初工资资料，发放2018年12月工资。

中国工商银行 转账支票存根（楚隆）	本支票付款期十天	中国工商银行转账支票（楚隆）	支票号码 X-ZZW00770126
支票号码：00770126 附件信息		出票日期　年　月　日 收款人：	开户行名称： 签发人账号：
出票日期：　年　月　日		人民币（大写）	亿 千 百 十 万 千 百 十 元 角 分
收款人： 金　额： 用　途： 备　注：		用途：________ 上列款项请从 我账户内支付 出票人签章	复核　记账
单位主管 会计			

图3-80　原始凭证

No. 35

现金盘点报告单

日期	账面余额	实际库存额	长款	短款	原因	处理意见
2019.01.12	640.00	600.00		40.00	多付款	个人赔款

出纳：邓小梅　会计：　财务科长：刘刚

图3-81　原始凭证1

收　　据

交款单位 财务科　　　　交款人 邓小梅

交　　来 库存现金短款的赔款　　　　款

人民币（大写） 肆拾元整　　　　¥：40.00

收款单位 现金收讫　会计主管人 刘刚　　　　收款人 邓小梅

财会记账

图 3-82　原始凭证 2

No. 36

中国工商银行
转账支票存根（楚隆）
支票号码：00770126
附件信息

出票日期：　年　月　日

收款人：
金 额：
用 途：
备 注：

单位主管
会计

本支票付款期十天

中国工商银行转账支票（楚隆）　　支票号码 X-ZZW00770126

出票日期　　年　月　日　　　　开户行名称：
收款人：　　　　　　　　　　　签发人账号：

人民币（大写）	亿	千	百	十	万	千	百	十	元	角	分

用途：

上列款项请从
我账户内支付
出票人签章　　　　　　复核　　　记账

图 3-83　原始凭证 1

债务重组协议

甲方（债权方）：升达轴承厂

乙方（债务方）：楚隆机械有限责任公司

2018 年 12 月 10 日乙方购买甲方材料欠货款561 600元，由于双方因价格问题产生分歧，乙方货款一直未能支付。现经双方多次协调，达成新的付款协议，乙方以500 000元，清偿前欠甲方的货款。

本协议自双方签章行效。

甲方：升达机械厂　　　　乙方：楚隆机床有限责任公司
法人代表：　　　　法人代表：
2019 年 01 月 12 日　　　　2019 年 01 月 12 日

（印章：升达轴承厂 业务专用章）（印章：楚隆机械有限责任公司 业务专用章）

图 3-84　原始凭证 2

No. 37

技术员刘海涛外出学习回来，补领半年工资 3 000.00元。

财务科长：刘刚
2019.01.13

现金付讫

图 3-85　原始凭证

No. 38

中国工商银行进账单（回单或收账通知）　1　No JZD201001004

收款人	全称	楚隆机械有限责任公司	付款人	全称	楚隆市机床经销公司
	账号	4432566253680345679		账号	5662536803453862342
	开户银行	中国商银行双塔办事处		开户银行	地址C
人民币（大写）	：壹拾伍万元整				

千	百	十	万	千	百	十	元	角	分
	¥	1	5	0	0	0	0	0	0

票据种类	
票据张数	
单位主管　会计　复核　记账	收款人开户行盖章

（印章：中国工商银行楚隆市双塔办事处 2019.01.15 转账）

回单或收账通知
此联是收款人开户行交给收款的的

图 3-86　原始凭证

No. 39

锅炉改造工程决算书

竣工日期 2019 年 01 月 15 日

工程项目	机加工锅炉改造	施工方式	出包工程
预算价	87 000. 00	决算价	87 000. 00
累计已付数额：67 000. 00			
决算应付数额：87 000. 00			

（注：修理费 3 000 元已全部付清）

图 3-87　原始凭证 1

项目竣工验收单

项目	名称	机加工车间锅炉	金额	批准	80 000	日期	批准	2018 年 10 月
	性质	改造		实际	87 000		完成	2019 年 01 月

五种定额	情况＼名称	修理费	停歇时间	清洗用油	费用	材料消耗费：钢	铜	木材	水泥	五金	备品	其他
	计划	3 000				13 000		60 000	7 000			
	实际	3 000				15 000		62 000	7 000			

验收意见	经验查，质量达到原设计要求，同意交付使用。			
验收人员	使用部门	负责人	安全员	高超
	机加工车间	刘志光	财务科	刘刚

主管：史林　经办人：邓君

图 3-88　原始凭证 2

中国工商银行 转账支票存根（楚隆） 支票号码：00770126 附件信息	中国工商银行转账支票（楚隆）　支票号码 X-ZZW00770126
	出票日期　年　月　日　开户行名称： 收款人：　签发人账号：
出票日期：　年　月　日	人民币（大写）　亿 千 百 十 万 千 百 十 元 角 分
收款人： 金 额： 用 途： 备 注：	本支票付款期十天 用途： 上列款项请从 我账户内支付 出票人签章　复核　记账
单位主管 会计	

图 3-89　原始凭证 3

No. 40

12月份自来水费收据

2018年12月

用户名称	楚隆机械有限责任公司			地址　　路　　号							
水　价	上月指针	本月指针	当月用量	项　目	金　额						
					万	千	百	十	元	角	分
0.7 元/m3	25000	32000	6300	自来水		4	4	1	0	0	0
10%				附加费							
0.7 元/m3				水资源费							
人民币（大写）：肆仟肆佰壹拾元整					¥	4	4	1	0	0	0

三 付款凭证

自来水公司　　收费员：张辉

楚隆市自来水公司 收费专用章

图 3-90　原始凭证 1

使用部门	单位元/m^3	用水量（m^3）
机加工车间	0. 70	800
装配车间	0. 70	1 800
机修分厂	0. 70	500
配电分厂	0. 70	2 500
厂部	0. 70	700
合计		6 300

图 3-91　原始凭证 2

中国工商银行
转账支票存根（楚隆）
支票号码：00770126
附件信息

出票日期：　年　月　日

收款人：
金 额：
用 途：
备 注：

单位主管
会计

本支票付款期十天

中国工商银行转账支票（楚隆）　　支票号码 X-ZZW00770126

出票日期　　年　月　日　　开户行名称：
收款人：　　签发人账号：

人民币（大写）	亿	千	百	十	万	千	百	十	元	角	分

用途：________________
上列款项请从
我账户内支付
出票人签章　　复核　　记账

图 3-92　原始凭证 3

No. 41

委邮

委托收款凭证（付款通知）

委托日期2019年01月18日　　　No WTSK201001002

收款人	全称	楚隆市邮电局	付款人	全称	楚隆机械有限责任公司	
	账号	45664867063876252346		账号	4432566253680345679	
	开户银行	市工商行三九路营业部		开户银行	中国工商银行双塔办事处	行号
人民币（大写）						
报话费：捌仟叁佰元整	市话费	3 000.00	付款单位注意事项（中国工商银行楚隆市分行 ★ 结算专用章）			
	长话费	5 000.00				
结算号	电报费					
	装移费	300.00				
联系电话						
	其他					

单位主管：　　会计：　　复核：　　记账：2019年01月18日

此联是收款人开户行交给收款的的回单或收账通知

图 3-93　原始凭证

No. 42

中国工商银行进账单（回单或收账通知）

第 zjd201001007 号

收款人	全称	楚隆机械有限责任公司	付款人	全称	南昌机电公司
	账号	4432566253680345679		账号	35668562607866545826
	开户银行	中国商银行双塔办事处		开户银行	地址B
人民币（大写）：肆拾万元整					
票据种类					
票据张数					
单位主管　会计　复核　记账			收款人开户行盖章（中国工商银行楚隆市双塔办事处 2019.01.18 转账）		

千	百	十	万	千	百	十	元	角	分
	¥	6	0	0	0	0	0	0	0

此联是收款人开户行交给收款的的回单或收账通知

图 3-94　原始凭证

No. 43

收　据

附件1张　　　2019年01月18日　　　第 148 号

交款单位　总经理办公室　　　交款人　范伟平

交付　来　备用金　款

人民币（大写）　壹仟伍佰元整　　　¥：1 500.00

收款单位　现金收讫　会计主管人　刘刚　　　收款人　邓小梅

财会记账

图 3-95　原始凭证

No. 44

收 料 单

2019 年 01 月 20 日　　　　编号：12001

材料编号	材料名称	规格	材质	单位	数量		实际单价	材料金额	运杂费	合计（材料实际成本）
					发货票	实收				
供货单位		结算方法		合同号					计划单价	材料/计划成本
备注										

①验收报销用

主管：刘刚　　质量检验员：蒲玉喜　　仓库验收：邓超　　经办人：张楚

图 3-96　**原始凭证 1**

收 料 单

2019 年 01 月 20 日　　　　编号：12002

材料编号	材料名称	规格	材质	单位	数量		实际单价	材料金额	运杂费	合计（材料实际成本）
					发货票	实收				
供货单位		结算方法		合同号					计划单价	材料/计划成本
备注										

①验收报销用

主管：刘刚　　质量检验员：蒲玉喜　　仓库验收：邓超　　经办人：张楚

图 3-97　**原始凭证 2**

收 料 单

2019 年 01 月 20 日　　　　编号：12003

材料编号	材料名称	规格	材质	单位	数量		实际单价	材料金额	运杂费	合计（材料实际成本）
					发货票	实收				
供货单位		结算方法		合同号					计划单价	材料/计划成本
备注										

①验收报销用

主管：刘刚　　质量检验员：蒲玉喜　　仓库验收：邓超　　经办人：张楚

图 3-98　**原始凭证 3**

收 料 单

2019 年 01 月 20 日　　　　编号：12004

材料编号	材料名称	规格	材质	单位	数量		实际单价	材料金额	运杂费	合计（材料实际成本）
					发货票	实收				
供货单位		结算方法		合同号					计划单价	材料/计划成本
备注										

①验收报销用

主管：刘刚　　质量检验员：蒲玉喜　　仓库验收：邓超　　经办人：张楚

图 3-99　**原始凭证 4**

收 料 单

2019 年 01 月 20 日　　　　　　　　编号：12005

材料编号	材料名称	规格	材质	单位	数量		实际单价	材料金额	运杂费	合计（材料实际成本）
					发货票	实收				
供货单位			结算方法			合同号			计划单价	材料/计划成本
备注										

①验收报销用

主管：刘刚　　质量检验员：蒲玉喜　　仓库验收：邓超　　经办人：张楚

图 3-100　原始凭证 5

收 料 单

2019 年 01 月 20 日　　　　　　　　编号：12006

材料编号	材料名称	规格	材质	单位	数量		实际单价	材料金额	运杂费	合计（材料实际成本）
					发货票	实收				
供货单位			结算方法			合同号			计划单价	材料/计划成本
备注										

①验收报销用

主管：范军　　质量检验员：蒲玉喜　　仓库验收：刘玉军　　经办人：张楚

图 3-101　原始凭证 6

收 料 单

2019 年 01 月 20 日　　　　　　　　编号：12007

材料编号	材料名称	规格	材质	单位	数量		实际单价	材料金额	运杂费	合计（材料实际成本）
					发货票	实收				
供货单位			结算方法			合同号			计划单价	材料/计划成本
备注										

①验收报销用

主管：范军　　质量检验员：蒲玉喜　　仓库验收：刘玉军　　经办人：张楚

图 3-102　原始凭证 7

表 3-1　收料凭证总表

年　　月　　日

材料名称	原料及主要材料		燃料		辅助材料		外购半成品		低值易耗品		包装物		合计	
	计划成本	实际成本	计划成本	实际成本	计划成本	实际成本	计划成本	实际成本	计划成本	实际成本	计划成本	实际成本	计划成本	实际成本
合计														
差异额														
差异率														

No. 45

财产清查报告单

2019 年 01 月 20 日　　　　No 1101

类别	财产名称规格	单位	单价	账面数量	实物数量	盘盈		盘亏		盈亏原因
						数量	金额	数量	金额	
	包装箱	个	400.00	73	71			2	800	待查
合计				73	71			2	800	

二财务

财务：　审批：　主管：　保管使用：　制单：李光

图 3-103　原始凭证 1

财产清查报告单

2019 年 01 月 20 日　　　　No 3101

类别	财产名称规格	单位	单价	账面数量	实物数量	盘盈		盘亏		盈亏原因
						数量	金额	数量	金额	
	六角车床	台	18 000	5	4			1	18 000	待查
合计				5	4			1	18 000	

二财务

财务：　审批：　主管：　保管使用：　制单：李光

（此设备的累计折旧17600）

图 3-104　原始凭证 2

No. 46

无形资产摊销表

2019 年 01 月 20 日

无形资产名称	本月摊销额	未摊销额
专利权	7 00.00	7 900.00
土地使用权	1 500.00	33 200.00
合计	2 200.00	41 100.00

制表：邓小梅　　财务科长：刘刚

图 3-105　原始凭证

No. 47

增值税专用发票

No 02405994

此联不作报销、扣税凭证使用　　开票日期：2019 年 01 月 20 日

购货单位	名　　称：南昌机电备件有限公司 纳税人识别号：962431357629022234 地址、电话：南昌市 开户行及账号：农行大沙街办事处361906			密码区	>9<222-28>2/02/9382>* >254+/83434<4835864/*　加密版本 8/66*-*+502>25220*652　3200013140 550</8*>>0<8+->3*>>/02606944 *		
货物或应税劳务名称	规格型号	单位	数量	单价	金额	税率	税额
A01 产品		台	18	43 000.00	774 000.00	13%	100 620.00
A02 产品		台	12	30 000.00	360 000.00	13%	46 800.00
合计					1 134 000.00		14 7420.00
价税合计(大写)	壹佰贰拾捌万壹仟肆佰贰拾元整				（小写）1 281 420.00		
销货单位	名称：楚隆机械有限责任公司 纳税人识别号：564325670654778 地址、电话：楚隆市双塔区邵口路86号070-64678926 开户行及账号：中国工商银行双塔办事处账号为：443256625368034567				备注		

收款人：　　复核　　开票人：　　销货单位（章）

第四联　记账联　销货方记账凭证

图 3-106　原始凭证 1

南昌市工商银行电汇凭证（收账通知或取款收据）

4

委托日期2019年01月20日　　第 DH201001002号

汇款人	全称	南昌机电备件有限公司	收款人	全称	楚隆机械有限责任公司
	账号或住址	农行大沙街办事处 3454433619062211322		账号或住址	4432566253680345679 楚隆市双塔区邵口路86号
	汇出地点			汇入地点	
人民币(大写)			千百十万千百十元角分		¥ 6 0 0 0 0 0 0 0
汇款用途					

上列款项已根据委托办理，如须查询，请持此回单来行面洽。　　上列款已照收无误

：陆拾万元整　　汇入行盖章　　年　月　日　　收款人盖章　　年　月　日

此联是给收款人的收账通知或代取款收据

图 3-107　原始凭证 2

No. 48

固定资产交接单

2019 年 01 月 22 日

移交单位	成品库	接受单位	装配车间
固定资产名称	A01产品	规格	
技术特征			
附属物			
建造企业	楚隆机械有限责任公司	出厂或建在成年月	2019. 01. 22
安装单位		安装完工年月	
原值	48 000	其中：安装费	
税金	14 382		
移交单位负责人	刘刚	接受单位负责人	肖遥春

图 3-108　原始凭证 1

楚隆增值税专用发票

No 063305

核对码：（略）

此联不作报销　扣税凭证使用　　开票日期：2019 年 01 月 22 日

购货单位	名称：楚隆机械有限责任公司 纳税人识别号：564325670654778 地址、电话：楚隆市双塔区邵口路86号 070-64678926 开户行及账号：中国工商银行双塔办事处 账号为：443256625368034567	密码区	>9<222-28>2/02/9381>* >254+/83434<4835864/*　加密版本 8/66*-*+502>25220*652　3200013142 550</8*>>0<8+->3*>>/02606944 *

货物或应税劳务名称	规格型号	单位	数量	单价	金额	税率	税额
A01产品		台	2	43 000.00	84 600.00	13%	10 998.00
合计					84 600.00		10 998.00
价税合计(大写)	×佰×拾玖万伍仟伍佰玖拾捌元整				（小写）95 598.00		

销货单位	名称：楚隆机械有限责任公司 纳税人识别号：564325670654778 地址、电话：楚隆市双塔区邵口路86号070-64678926 开户行及账号：中国工商银行双塔办事处 账号为：443256625368034567	备注	

收款人：　　复核　　开票人：　　销货单位（章）

第一联 记账联 销货方记账凭证

图 3-109　原始凭证 2

产品出库单

凭证编号：11001

用途：自用　　　　2019年01月22日　　　　产成品库：二号库

类别	编号	名称及规格	计量单位	数量	单位成本	总成本	
	23001	A01产品	台	2	24 000	48 000	附注： 装配车间作为固定资产使用。
合计							

二 财务存

记账　　保管：　　检验：　　制单：

图 3-110　原始凭证 3

No. 49

楚隆市广告业专用发票

全国统一发票监制章 楚隆市 地方税务局监制

发 票 联

No 000656

客户名称：楚隆机械有限责任公司　地址：楚隆市双塔区邵口路86号 2019年01月24日

项　目	单位	数量	单位	十	万	千	百	十	元	角	分
广　告						9	5	0	0	0	0
合计人民币（大写）	玖仟伍佰元整				¥	9	5	0	0	0	0

（金额）

② 发票联

楚隆市理想广告公司 230250568032040 发票专用章

单位（章）：　　　　地址：　　　　开票人：

图 3-111　原始凭证 1

中国工商银行
转账支票存根（广从）
支票号码：00770131
附件信息

出票日期：　年　月　日

收款人：
金　额：
用　途：
备　注：

单位主管
会计

中国工商银行转账支票（广从）　　　　支票号码 00770131

出票日期　　年　月　日　　　　开户行名称：
收款人：　　　　　　　　　　　签发人账号：

本支票付款期十天

人民币（大写）	亿	千	百	十	万	千	百	十	元	角	分

用途：

上列款项请从

我账户内支付

出票人签章　　　　　　复核　　　　记账

图 3-112　原始凭证 2

No. 50

楚隆市增值税专用发票

发票联

校对码：略　　　　开票日期：2019年01月25日　　　　No 033302

购货单位 名称	楚隆机械有限责任公司	纳税人登记号	564325670654778
购货单位 地址、电话	楚隆市双塔区部口路86号	开户银行及账号	中国工商银行双塔办事处账号为：4432566253680345679

商品或劳务名称	计量单位	数量	单价	金额 百	十	万	千	百	十	元	角	分	税率（%）	税额 百	十	万	千	百	十	元	角	分
动力						6	0	0	0	0	0	0	13				7	8	0	0	0	0
合计					¥	6	0	0	0	0	0	0				¥	7	8	0	0	0	0

价税合计（大写）	⊗佰⊗拾陆万柒仟捌佰零拾零元零角零分	¥：67 800.00	
销货单位 名称	市电业局供电公司	纳税人登记号	No572500671527115
销货单位 地址、电话	新华路85号	开户银行及账号	工商银行大新办事处

收款人：李成　　　　开票单位（未盖章无效）

第三联 发票联 购货方记账凭证

楚隆电业局 250250568032642 发票专用章

图 3-113　原始凭证

No. 51

坏账准备计算表

2019 年 01 月 30 日

应收账款余额	计提比例	计提坏账准备
	3‰	

制表：刘玲玉　　财务科长：刘刚

（此项业务在应收款管理系统中完成）

图 3-114　原始凭证

No. 52

表 3-2 直接工资及福利费用分配表（1）

2019 年 01 月

分厂、产品		直接工资费用（100%）		工会经费（2%）		职工教育经费（8%）	
		分配率	分配额	分配率	分配额	分配率	分配额
机加工车间	A01 产品						
	A02 产品						
	合计						
装配车间	A01 产品						
	A02 产品						
	合计						
辅助生产	机修车间						
	配电车间						
管理中心							
销售中心							
采购中心							

（注：这项业务在薪资管理系统中完成）

No. 53

表 3-3 直接工资及福利费用分配表（2）

2019 年 01 月

分厂、产品		公积金（8%）		医疗保险（4%）	
		分配率	分配额	分配率	分配额
机加工车间	A01 产品				
	A02 产品				
	合计				
装配车间	A01 产品				
	A02 产品				
	合计				
辅助生产	机修车间				
	配电车间				
管理中心					
销售中心					
采购中心					

（注：这项业务在薪资管理系统中完成）

No. 54

表 3-4　收料凭证总表

年　月　日

领料部门及用途			原料及主要材料		燃料		辅助材料		外购半成品		低值易耗品		包装物		合计	
			计划成本	成本差异	计划成本	成本差异	计划成本	成本差异	计划成本	成本差异	计划成本	成本差异	计划成本	成本差异	计划成本	成本差异
生产成本	机加工车间	A01														
		A02														
		A01														
		A02														
	装配车间	A01														
		A02														
		A01														
		A02														
辅助生产	机修车间	A01														
		A02														
		A01														
		A02														
	配电车间	A01														
		A02														
		A01														
		A02														

表 3-4（续）

领料部门及用途			原料及主要材料		燃料		辅助材料		外购半成品		低值易耗品		包装物		合计	
			计划成本	成本差异	计划成本	成本差异	计划成本	成本差异	计划成本	成本差异	计划成本	成本差异	计划成本	成本差异	计划成本	成本差异
制造费用	机加工车间	A01														
		A02														
		A01														
		A02														
	装配车间	A01														
		A02														
		A01														
		A02														
	公司总部															
	合计															

制表：

No. 55

表 3-5　固定资产折旧计算表（1）

2019 年　01 月

固定资产类别	固定资产名称	预计使用年限	预计净残值率	月折旧率	机加工车间		装配车间		机修车间		配电车间		总经理办公室		合计	
					原值	月折旧额	原值	月折旧额	原值	月折旧额	原值	月折旧额	原值	月折旧额	原值	月折旧额
合计																

表 3-6　固定资产折旧计算表（2）

2019 年　01 月

固定资产类别	固定资产名称	预计使用年限	预计净残值率	月折旧率	销售中心		采购中心		财务部		人力资源部		机修车间和配电车间		合计	
					原值	月折旧额	原值	月折旧额	原值	月折旧额	原值	月折旧额	原值	月折旧额	原值	月折旧额
合计																

（注：此业务需在固定资产系统中完成）

No. 56

辅助生产车间提供劳务数量

年　月

辅助生产分厂	机加工车间		装配车间		机修分厂	公司总部	合计
	生产用	管理用	生产用	管理用			
机修车间		25 000		28 000		6 000	59 000
配电车间	12 000	13 000	50 000	18 000	4 000	25 000	122 000

制表：　　审核：

图 3-115　原始凭证

表 3-7　辅助生产费用分配表

年　月

辅助生产车间	应分配费用额	劳务用电数量	分配额								管理费用		合计	
			生产成本				制造费用							
			机加工车间		装配车间		机加工车间		装配车间					
			数量	金额	数量	金额	数量	金额	数量	金额	数量	金额	数量	金额
机修车间														
配电车间														
合计														

制表：　　审核：

表 3-8　动力费用分配表

车间、产品		定额工时	分配率	动力费用分配额
	A01 产品			
	A02 产品			
	合计			
	A01 产品			
	A02 产品			
	合计			

制表：　　审核：

No. 57

表 3-9　制造费用分配表

年　月

车间、产品		定额工时	分配率	制造费用分配额
	A01 产品			
	A02 产品			
	合计			
	A01 产品			
	A02 产品			
	合计			

制表：　　审核：

No. 58

车间制造成本计算单

车间名称：

产品名称：　　年　月　日　　完工产量：

成本项目	月初在产品成本	本月生产费用	费用合计	约当产量	分配率	完工产品成本	月末在产品成本
直接材料							
直接工资							
其他直接支出							
制造费用							
合计							

制表：

图 3-116　原始凭证 1

车间制造成本计算单

车间名称：

产品名称：　　年　月　日　　完工产量：

成本项目	月初在产品成本	本月生产费用	费用合计	约当产量	分配率	完工产品成本	月末在产品成本
直接材料							
直接工资							
其他直接支出							
制造费用							
合计							

制表：

图 3-117　原始凭证 2

车间制造成本计算单

车间名称：

产品名称：　　　　　　　　　　年　月　日　　　　　　完工产量：

成本项目	月初在产品成本	本月生产费用	费用合计	约当产量	分配率	完工产品成本	月末在产品成本
直接材料							
直接工资							
其他直接支出							
制造费用							
合计							

制表：

图 3-118　原始凭证 3

车间制造成本计算单

车间名称：

产品名称：　　　　　　　　　　年　月　日　　　　　　完工产量：

成本项目	月初在产品成本	本月生产费用	费用合计	约当产量	分配率	完工产品成本	月末在产品成本
直接材料							
直接工资							
其他直接支出							
制造费用							
合计							

图 3-119　原始凭证 4

完工产品制造成本汇总计算单

产品名称：　　　　　　　　　　年　月　日　　　　　　完工产量：

部　门	直接材料	直接工资	其他直接支出	制造费用	总产品成本	产品单位成本
机加工车间						
装配车间						
产品总成本						
产品单位成本						
合　计						

制表：

图 3-120　原始凭证 5

完工产品制造成本汇总计算单

产品名称：　　　　　　　　　　　年　月　日　　　　　　完工产量：

部　门	直接材料	直接工资	其他直接支出	制造费用	总产品成本	产品单位成本
机加工车间						
装配车间						
产品总成本						
产品单位成本						
合　计						

制表：

图 3-121　原始凭证 6

产 品 交 库 单

年　月　日　　　　　　凭证编号：

交库部门：　　　　　　产成品库：

产品类别	产品名称及规格	产品编号	计量单位	实收数量	单位成本	实际成本
合计						

记账：　　主管：　　保管：　　交库：

图 3-122　原始凭证 7

产 品 交 库 单

年　月　日　　　　　　凭证编号：

交库部门：　　　　　　产成品库：

产品类别	产品名称及规格	产品编号	计量单位	实收数量	单位成本	实际成本
合计						

记账：　　主管：　　保管：　　交库：

图 3-123　原始凭证 8

No. 59

产品交库单

用途：销售　　　　年　月　日　　　　凭证编号：1101

产成品库：一号库

类别	编号	名称及规格	计量单位	数量	单位成本	总成本		

图 3-124　原始凭证 1

产品交库单

用途：销售　　　　年　月　日　　　　凭证编号：1102

产成品库：一号库

类别	编号	名称及规格	计量单位	数量	单位成本	总成本		

图 3-125　原始凭证 2

产品交库单

用途：销售　　　　年　月　日　　　　凭证编号：1103

产成品库：一号库

类别	编号	名称及规格	计量单位	数量	单位成本	总成本		

图 3-126　原始凭证 3

产品交库单

用途：销售　　　　年　月　日　　　　凭证编号：1104

产成品库：一号库

类别	编号	名称及规格	计量单位	数量	单位成本	总成本		

图 3-127　原始凭证 4

产品销售成本计算表

年　月　日

产品名称	期初结存			本期完工入库			本期销售		
	数量	单位成本	总成本	数量	单位成本	总成本	数量	单位成本	总成本
A01 产品									
A02 产品									

制表：方小梅　　财务科长：刘刚

图 3-128　原始凭证 5

No. 60

根据我公司与机床附件厂的联营合同规定，分得税前利润 60 000 元

财务科长：刘刚

2019 年 01 月 30 日

图 3-129　原始凭证 1

中国工商银行进账单（回单或收账通知）　**1**

2019 年 01 月 30 日　　第 JZD201001004 号

收款人	全称	楚隆机械有限责任公司	付款人	全称	市机床附件厂
	账号	4432566253680345679		账号	443256680356841242
	开户银行	中国工商银行双塔办事处		开户银行	中环城办事处
人民币（大写）	：陆万元整			千百十万千百十元角分	¥6000000
票据种类					
票据张数					
单位主管　会计　复核　记账					收款人开户银行盖章

中国工商银行楚隆市双塔办事处 2019.01.30 转账

回单或收账通知

此联是收款人开户行交给收款人的

图 3-130　原始凭证 2

No. 61

表 3-10　存货跌价准备计算表

2019 年 01 月 30 日

存货类会计科目	期末余额	可变现净值（低于期末账面成本的 8%）	存货跌价准备额
库存商品			
原材料			
低值易耗品			
包装物			
生产成本			
物资采购			
材料成本差异			
合　计			

制表：高海　　审批：刘刚

No. 62

表 3-11　固定资产减值准备计算表

2019 年 01 月 30 日

固定资产账面余额	可收回金额（低于期末账面成本的 10%）	固定资产跌价准备额

制表：高海　　审批：刘刚

No. 63

表 3-12　无形资产减值准备计算表

2019 年 01 月 30 日

无形资产账面余额	可收回金额（低于期末账面成本的 10%）	无形资产跌价准备额

制表：高海　　审批：刘刚

No. 64

表 3-13　预计负债计提表表

2019 年 02 月 28 日

本月销售额	预计比例	计提预计负债
	（0.01+0.02）÷2	

制表：高海　　审批：刘刚

公司对销售的机床，承诺出售后两年内如有意外事故造成的机床故障和质量问题，公司免费保修。根据以往的经验，发生的保修费一般在销售额的 1%－2%之间，因此，公司对销售的产品计提预计负债。

财务科长：刘刚

2019 年 01 月 30 日

图 3-131　原始凭证

No. 65

表 3-14 增值税纳税申报表

金额单位：元（列至角分）

纳税人名称		微机编码	
纳税期限	年月日	税款所属时期	年月日至年月日	税务登记号码	

应税货物或劳务的名称	计税数量	计量单位	计税依据	税率或征收率	销项税额	进项税额		应纳税额	减免税额	批准缓税额	本期申报应纳税额
						合计	其中：本期允许抵扣				
1	2	3	4	5	6=4×5	7	8	9=6-8	10	11	12=9-10-11
合计											
城建税											
教育费附加											

附列资料	增值税专用发票领、用、存情况	领购数量（组）	使用数量（组）	作废数量（组）	结存数量（组）

申报单位或代理机构	申报人或代理人：　申报日期　（公章）年月日	税务机关审核	受理日期： 审核时间： 审核人：　（章）

No. 66

将各收入科目结转本年利润
将成本费用科目结转本年利润
计算应交所得税并将所得税结转到本年利润

注：利用总账管理系统的自定义转账功能，自动完成期间损益结转的业务，先进行期间损益结转设置，再进行期间损益结转生成。

图 3-132 原始凭证

第四部分

模拟实验企业2019年2月的经济业务

根据实验企业2019年2月的经济业务填制相关凭证（具体见图4-1至图4-67、表4-1至表4-11）。

No. 1

楚隆市增值税专用发票

发票联

No 01886522

全国统一发票监制章 楚隆市 税务局监制

校验码：略　　　　开票日期：2019年02月01日

购货单位	名称：楚隆机械有限责任公司 纳税人识别号：564325670654778 地址、电话：楚隆市双塔区邵口路86号 070-64678926 开户行及账号：中国工商银行双办事处账号为：4432566253680345679				密码区	略	
货物或应税劳务名称	规格型号	单位	数量	单价	金额	税率	税额
钢管		吨	20	3 300.00	66 000.00	17%	8 580.00
合计			30		66 000.00		8 580.00
价税合计(大写)	×柒万肆仟伍佰捌拾元整 (小写) 745 780.00						
销货单位	名称：市钢铁公司一分厂 纳税人识别号：564325676248724 地址、电话：地址F 开户行及账号：工商银行5643256756790045276				备注		

收款人：邓水源　　复核：　　开票人：刘兴　　销货单位

市钢铁公司一分厂 120250568023060 发票专用章

第二联：发票联 购货方记账凭证

图4-1　原始凭证1

公路、内河货物运输业统一发票

发 票 联

发票代码 233001210144

发票号码：33221548

开票日期：2019 年 02 月 01 日

机打代码 机打号码 机器编号	略	税控码	略		
收货人及纳税人识别号	楚隆机械有限责任公司 564325670654778	承运人及纳税人识别号		楚隆顺达物流公司 564325352654766	
发货人及纳税人识别号	市钢铁公司一分厂 564325670654872	主管税务机关及代码		楚隆市地方税务局 93400000	
运输项目及金额	运输钢管 1 800.00	其他项目及金额			备注
运费小计	1800.00	其他费用合计			
合计（大写）	壹仟捌佰元整 （小写）1 800.00				

承运人盖章： 开票人：李小冬

图 4-2 原始凭证 2

No. 2

公出旅费报销单

所属单位：采购中心 附件 10 张 2019 年 02 月 02

代表姓名	黄超	同行人员	王海		共2人	审批人员	罗志军	公出任务	采购	自 11 月 25 日起至 12 月 2 日止	共 7 天		

出发				到达				合计	火车费	卧铺	市内车费	汽车大车	宿费	其他	途中伙食补助费		住勤费	
月	日	时	地点	月	日	时	地点								天数	金额	天数	金额
11	25		楚隆	11	26		北京	610	440	100					3	30	4	40
12	1		北京	12	2		楚隆	890	440	100			320	30				
合计								1 500	880	200			320	30		30		40

原借款	金额	交结余或超支余额	报销金额	人民币：壹仟伍百元整 （大写）
	0	0		

图 4-3 原始凭证 1

No. 3

领　料　单

领料部门：机加工分厂　　开票日期 2019 年 02 月 05 日　　字第 0 756 号

材料编号	材料名称	规格	单位	请购数量	实发数量	计划价格	
						单价	金额
21001	原铁		吨	20	20	2 200	44 000
用途	A01 产品	领料部门		发料部门			
		负责人	领料人	核准人	发料人		
			孙志鸿		赵刚		

②仓库记账后转财会科

图 4-4　原始凭证 1

领　料　单

领料部门：机加工车间　　开票日期 2019 年 02 月 05 日　　字第 0757 号

材料编号	材料名称	规格	单位	请购数量	实发数量	计划价格	
						单价	金额
21001	原铁		吨	10	10	2 200	22 000
用途	A01 产品	领料部门		发料部门			
		负责人	领料人	核准人	发料人		
			孙志鸿		赵刚		

②仓库记账后转财会科

图 4-5　原始凭证 2

领　料　单

领料部门：机加工车间　　开票日期 2019 年 02 月 05 日　　字第 0758 号

材料编号	材料名称	规格	单位	请购数量	实发数量	计划价格	
						单价	金额
21001	木炭		吨	10	10	350	3 500
用途	A01 产品	领料部门		发料部门			
		负责人	领料人	核准人	发料人		
			孙志鸿		赵刚		

②仓库记账后转财会科

图 4-6　原始凭证 3

领 料 单

领料部门：机加工车间　　开票日期 2019 年 02 月 05 日　　字第 0759 号

<table>
<tr><td rowspan="2">材料编号</td><td rowspan="2">材料名称</td><td rowspan="2">规格</td><td rowspan="2">单位</td><td rowspan="2">请购数量</td><td rowspan="2">实发数量</td><td colspan="2">计划价格</td></tr>
<tr><td>单价</td><td>金额</td></tr>
<tr><td>18002</td><td>优煤</td><td></td><td>吨</td><td>15</td><td>15</td><td>200</td><td>3 000</td></tr>
<tr><td rowspan="3">用途</td><td rowspan="3">A01 产品</td><td colspan="3">领料部门</td><td colspan="3">发料部门</td></tr>
<tr><td colspan="2">负责人</td><td>领料人</td><td>核准人</td><td colspan="2">发料人</td></tr>
<tr><td colspan="2"></td><td>孙志鸿</td><td></td><td colspan="2">赵刚</td></tr>
</table>

②仓库记账后转财会科

图 4-7　原始凭证 4

No. 4

证（3）（收账通知）

2019年02月08日

总字第 JK9020 号
字第 110 号

<table>
<tr><td>贷款单位名称</td><td colspan="2">楚隆机械有限责任公司</td><td>种类</td><td>流动资金贷款</td><td>贷款户账号</td><td colspan="10">566253680345679</td></tr>
<tr><td rowspan="2">金额</td><td colspan="5" rowspan="2">人民币（大写）：壹拾万元整</td><td>千</td><td>百</td><td>十</td><td>万</td><td>千</td><td>百</td><td>十</td><td>元</td><td>角</td><td>分</td></tr>
<tr><td></td><td>¥</td><td>1</td><td>0</td><td>0</td><td>0</td><td>0</td><td>0</td><td>0</td><td>0</td></tr>
<tr><td rowspan="2">用途</td><td rowspan="2">生产周转</td><td>单位申请期限</td><td colspan="3">自2019年1月1日起至2019年6月30日止</td><td rowspan="2">利率</td><td colspan="9" rowspan="2">10.89%</td></tr>
<tr><td>银行核定期限</td><td colspan="3">自2019年1月1日起至2019年6月30日止</td></tr>
<tr><td colspan="6">上列贷款已核准发放　　贷款。
并已转收你单位　　账号账户。

银行签章</td><td colspan="10">单位会计分录
收入
付出
复核　　记账
主管　　会计</td></tr>
</table>

中国工商银行楚隆市 流动资金 双塔办事处 2019.01.08 转账

图 4-8　原始凭证 1

短期借款申请书

申请日期：2019年02月05日

企业名称	楚机械有限责任公司	法人代表	邓超	企业性质	有限责任
地址	楚隆市双塔区邵口路86号	财务负责人	宋平武	联系电话	070-64678926
经营范围	生产A01、A02产品	主管部门	机械公司		
借款期限	自2019年2月8日至2019年7月28日			申请金额	100 000元
主要用途及效益说明： 本公司近几年来，生产情况很好，产品销售情况有所好转，但由于回收贷款困难，特申请短期贷款。					
申请单位财务章： 财务部门负责人：刘刚 经办人：		信贷员意见： 行政主管领导：范丰平 信贷员部门负责人：王超			

印章：楚隆机械有限责任公司 财务专用章；中国工商银行楚隆市分行 业务专用章

图4-9　原始凭证2

No. 5

调出单位：楚隆市重型机械厂　　　　固定资产调拨单

调入单位：楚隆机械有限责任公司　　　　2019年02月08日　　　　调拨单号：08425

调拨原因或依据		生产急需				调拨方式	有偿		
固定资产名称	规格及型号	单位	数量	预计使用年限	已使用年限	原值	已提折旧	净值	协商价格
万能切割机	（生产急需）	台	2	15	5	150 000	12 000	120 000	120 000
调出单位 公章： 财务： 经办：	（公章）		调入单位 公章： 财务： 经办：			（公章）		备注：	

会计主管：刘刚　　　　稽核：　　　　制单：

印章：楚隆市重型机械厂 财务专用章；楚隆机械有限责任公司 财务专用章

图4-10　原始凭证1

中国工商银行
转账支票存根（广从）
支票号码：00770124
附件信息

____
____
____

出票日期：　年　月　日

收款人：	
金　额：	
用　途：	
备　注：	

单位主管
会计

本支票付款期十天

中国工商银行转账支票（广从）　　　　支票号码 00770124

出票日期　　年　月　日　　　　开户行名称：
收款人：　　　　　　　　　　　签发人账号：

人民币（大写）	亿	千	百	十	万	千	百	十	元	角	分

用途：______________
上列款项请从
我账户内支付
出票人签章　　　　　　　　　复核　　　　记账

图 4-11　原始凭证 2

楚隆机械有限责任公司固定资产验收单

2019 年 02 月 05 日

使用部门（盖章）	机加工车间	使用部门编号	501	累计折旧	12 000	调拨方式	有偿
固定资产名称	万能切割机	型号	XXIV30	规格	VTS2010	预计使用年限	11
数量	2	单价（元）	70 000	总价（元）	小写：140 000		
					大写：壹拾肆万元整		
资产类别	041	存放地点	2 车间		使用部门验收意见		合格

第一联财务部门留存

部门负责人：梁华晶　　领用人：　　验收人：熊磊　　经手人：刘琳

图 4-12　原始凭证 3

No. 6

捐赠单位：楚隆市易达配件公司

固定资产转移单

接受单位：楚隆机械有限责任公司　　　　2019年02月09日　　　　调拨单号:0032

调拨原因或依据		捐　　赠				调拨方式	无　偿	
固定资产名称	规格及型号	单位	数量	预计使用年限	已使用年限	原值	已提折旧	净值
装压机	不锈钢III型	台	3	15		$120 000.00		
捐赠单位 公章： 财务：陈琳 经办：吴升	（公章）			接受单位 公章： 财务：刘刚 经办：李兰			（公章）	

楚隆市易达配件公司 业务专用章

楚隆机械有限责任公司 财务专用章

会计主管：蒲金　　　　　稽核：　　　　　制单：

图 4-13　原始凭证 1

海城会计师事务所文件

★

楚隆　〔2019〕字第 015　号

资产评估报告

楚隆机械有限责任公司：

我所受贵单位的委托，依据《中华人民共和国国有资产评估办法》《中华人民共和国注册会计师法》和《工业企业会计制度》等的规定，对贵公司接受科能公司捐赠的装压机3台进行评估。原始价值120 000美元，当日汇率6.80，固定资产按现行市价确定价值为1 068 000元（含税价），预计尚可使用10年。

评估员：伍　海

中国注册会计师：王一达

海城会计师事务所

海城会计师事务所 2019年02月09日 业务专用章

图 4-14　原始凭证 2

楚隆机械有限责任公司固定资产验收单

2019 年 02 月 09 日

使用部门（盖章）	机加工车间	使用部门编号	501	累计折旧	12 000	调拨方式	无偿
固定资产名称	装压机	型号	不锈钢 III 型	规格	不锈钢 III 型	预计使用年限	10 年
数量	3	单价（元）	356 000	总价（元）	小写：1 068 000 大写：壹佰万零陆万捌仟元整		
资产类别	041	存放地点	1 号装配车间	使用部门验收意见		合格	

第一联财务部门留存

部门负责人：梁华晶　　领用人：　　验收人：熊磊　　经手人：刘琳

图 4-15　原始凭证 3

No. 7

楚隆市增值税专用发票

此联不作报销、扣税税凭证使用开票日期：2019年02月10日　No 02405901

购货单位	名　　称：南昌机电公司 纳税人识别号:325687415014743012 地址、电话:地址B 开户行及账号：中国工商银行南昌支行 35668562607866526			密码区	略		
货物或应税劳务名称	规格型号	单位	数量	单价	金额	税率	税额
A01产品		台	18	43 000.00	774 000.00	13%	100 620.00
AO2产品		台	12	30 000.00	360 000.00	13%	46 800.00
合计					1134000.00		147 420.00
价税合计(大写)	ⓧ贰拾叁万肆仟陆佰贰拾元整				（小写）1 231 620.00		
销货单位	名称：楚隆机械有限责任公司 纳税人识别号:564325670654778 地址、电话:楚隆市双塔区部口路86号 070-64678926 开户行及账号：中国工商银行双办事处　　账号为：4432566253680345679				备注		

第三联：记账联 销货方记账凭证

收款人：　　复核：　　开票人：刘升　　销售单位章

图 4-16　原始凭证 1

邮

托收凭证（受理回单）

第 1 号

托收号码：TH201001001

委托日期：　　年　　月　　日

业务类型	委托收款（□邮查、□电划）　委托承付（□邮查、□电划）					
付款人	全称		收款人	全称		
	账号			账号		
	在址	开　户		地址	开户行	
金额	人民币（大写）：	千 百 十 万 千 百 十 元 角 分				
款项内容		托收凭证名称		附寄单证张数	合同名称号码	
商品发运情况		合同名称号码				
备注：		款项收妥日期　年　月　日		（收款人开户银行盖章）　月　日		

单位主管：　　会计：　　复核：　　记账：

图 4-17　原始凭证 2

中国工商银行广从市分行邮、电、手续费收费凭证（借方凭证）①

2019 年 02 月 10 日　　　　转 GC20100100023 号

缴款人名称：楚隆机械有限责任公司		信（电）汇　笔　汇票　笔　其他　笔	
账　号：4432566253680345679		异托、委托 1 笔　支票　专用托收　笔	
邮费金额（百 十 元 角 分）	电报费金额（百 十 元 角 分）	手续费金额（百 十 元 角 分）：1 5 0 0	合计金额（百 十 元 角 分）：¥ 1 5 0 0
合计金额	人民币（大写）：壹拾伍元整		科目　对方科目　复核　记账　复票　制表

（印章：中国工商银行楚隆市双塔办事处 2019.02.10 转账）

图 4-18　原始凭证 3

货　票　　　　A No04313

计划号码或运输号码　　广从市铁路局　　丙联　承运及收款凭证：发站 ——→ 托运人

发站	楚隆	到站(局)	南昌	车种车号	货车 □ 号	货车标重		承运人/托运人装车	
经由	广州	货物运到期限	01.05	施封号码或铁路篷布号码					
运价里程	2100 公里	集装箱箱型		保价金额	192780.00	现付费用			
						费别	金额	费别	金额
托运人名称及地址	广昌机械有限责任公司					运费	3200		
收货人名称及地址	南昌机电公司					基金 1			
货物品名	品名代码	件数	货物重量	计量重量	运价号	运价率	基金 2		
A01		12					印花税		
合计									
集装箱号码									
记事							合计	3200	

发站承运日期戳　（印章：楚隆铁路分局 楚隆站 经办人章）

图 4-19　原始凭证 4

No. 8

安徽增值税专用发票

抵扣联

（印章：全国统一发票监制章 安徽省合肥市 国家税务总局监制）

开票日期：2019年 02月 12日　　　　No 08505903

购货单位	名称：楚隆机械有限责任公司 纳税人识别号：564325670654778 地址、电话：楚隆市双塔区邵口路86号　070-64678926 开户行及账号：中国工商银行双办事处　　账号为：4432566253680345679				密码区	略		
货物或应税劳务名称	规格型号	单位	数量	单价	金额	税率	税额	
起重机	KJZJ-1247	台	1	31 200.00	31 200.00	13%	4 056.00	
合计					31 200.00		4 056.00	
价税合计(大写)	ⓧ佰ⓧ拾叁万伍仟贰佰伍拾陆元整				（小写）35 256.00			
销货单位	名称：合肥市起重机厂 纳税人识别号：435622670654778 地址、电话：合肥市吉祥路44号 开户行及账号：中国工商银行合肥吉祥办事处486723680345679。				备注			

收款人：　　　复核：　　　开票人：刘升　　　销售单位章

（印章：合肥市起重机厂 658221974207264 发票专用章）

第一联：抵扣联　购货方抵税凭证

图 4-20　原始凭证 1

安徽增值税专用发票

发　票　联

开票日期：2019年02月12日　　No 08505903

购货单位	名称：楚隆机械有限责任公司 纳税人识别号:564325670654778 地址、电话:楚隆市双塔区邵口路86号 070-64678926 开户行及账号：中国工商银行双塔办事处　账号为：4432566253680345679				密码区	略	
货物或应税劳务名称	规格型号	单位	数量	单价	金额	税率	税额
起重机	KJZJ-1247	台	1	31 200.00	31 200.00	17%	4 056.00
合计					31 200.00		4 056.00
价税合计(大写)	[illegible]拾叁万伍仟贰佰伍拾陆元整　（小写）35 256.00						
销货单位	名称：合肥市起重机厂 纳税人识别号:435622670654778 地址、电话：[illegible]路44号 开户行及账号：中国工商银行合肥吉祥办事处486723680345679。				备注		

收款人：　　复核：　　开票人：刘升　　销售单位章

第三联：发票联 购货方记账凭证

图 4-21　原始凭证 2

安徽省施工企业统一发票

发　票

购货单位：楚隆机械有限责任公司　　2019年02月12日

货号	品名规格或加工修理	计量单位	数量	单价	金额 十	万	千	百	十	元	角	分	备注
	安装费						1	8	0	0	0	0	
合计人民币（大写）	：壹仟捌佰零拾零元零角零分					¥	1	8	0	0	0	0	

企业盖章　　地址　　财务：　　开票：吴格梅

② 发　票　联

图 4-22　原始凭证 3

中国工商银行信汇凭证（回单） 第 XH201001001 号

委托日期： 年 月 日

<table>
<tr><td rowspan="3">汇款人</td><td>全称</td><td colspan="3"></td><td rowspan="3">收款人</td><td>全称</td><td colspan="3"></td></tr>
<tr><td>账号
或地址</td><td colspan="3"></td><td>账号
或地址</td><td colspan="3"></td></tr>
<tr><td>汇出
地点</td><td>省 市
县</td><td>汇出行
名 称</td><td></td><td>汇出
地点</td><td>省 市
县</td><td>汇出行
名 称</td><td></td></tr>
<tr><td>金额</td><td colspan="9">人民币
（大写）：
千 百 十 万 千 百 十 元 角 分</td></tr>
<tr><td colspan="5">汇款用途：</td><td colspan="5" rowspan="2">汇出行盖

年 月 日</td></tr>
<tr><td colspan="5">上列款项已根据委托办理，如须查询，请持些回单来行面洽。
单位主管 会计 复核 记账</td></tr>
</table>

图 4-23 原始凭证 4

楚隆机械有限责任公司固定资产验收单

2019 年 02 月 12 日

使用部门（盖章）	机加工车间	使用部门编号	501	累计折旧	12 000	调拨方式	无偿
固定资产名称	起重机	型号	KJZJ-1247	规格	K2014	预计使用年限	10
数量	1	单价（元）	33 000	总价（元）	小写：33 000. 00 大写：叁万叁仟元整		
资产类别	041	存放地点	2 号车间		使用部门验收意见	合格	

第一联财务部门留存

部门负责人：梁华晶 领用人： 验收人：熊磊 经手人：刘琳

图 4-24 原始凭证 5

No. 9

楚隆市增值税专用发票

（印章：全国统一发票监制章 税务局监制）

此联不作报销、扣税税凭证使用　开票日期：2019年02月15日　No 02405922

购货单位	名　　称：南昌机电公司 纳税人识别号:325687415014743 地址、电话:地址B 开户行及账号：中国工商银行南昌支行3466385626				密码区	略	
货物或应税劳务名称	规格型号	单位	数量	单价	金额	税率	税额
AO2产品		台	6	28 000.00	168 000.00	13%	21 840.00
合计					168 000.00		21 840.00
价税合计(大写)	ⓧ壹拾捌万玖仟捌佰肆拾元整　　（小写）189 840.00						
销货单位	名称：楚隆机械有限责任公司 纳税人识别号:564325670654778 地址、电话:楚隆市双塔区部口路86号 070-64678926 开户行及账号：中国工商银行双塔办事处　账号为：4432566253680345679				备注		

收款人：　　复核：　　开票人：刘升　　销售单位章

（印章：楚隆机械有限责任公司 120250567034068 发票专用章）

第三联：记账联　销货方记账凭证

图 4-25　原始凭证 1

中国工商银行进账单（回单或收账通知）

2019 年 02 月 15　　　　第 ZZ201001001号

收款人	全称	楚隆机械有限责任公司	付款人	全称	南昌机电公司
	账号	4432566253680345679		账号	34663856265542864
	开户银行	工商银行天祥办事处		开户银行	地址B
人民币(大写)	:壹拾玖万陆仟伍佰陆拾元整				

千	百	十	万	千	百	十	元	角	分
	¥	[illegible]	9	6	5	6	0	0	0

票据种类	
票据张数	
单位主管　　会计　　复核　　记账	收款人开户行盖章

（印章：中国工商银行楚隆市双塔办事处 2019.02.15 转账）

回单或收账通知　此联是收款人开户行交给收款的

图 4-26　原始凭证 2

No. 1

广西增值税专用发票

抵扣联

核对码：（略）开票日期：2019 年 02 月 18 日　　No 02505916

购货单位	名称：楚隆机械有限责任公司 纳税人识别号：564325670654778 地址、电话：楚隆市双塔区邵口路 86 号　070-64678926 开户行及账号：中国工商银行双办事处账号为：4432566253680345679				密码区	略	
货物或应税劳务名称	规格型号	单位	数量	单价	金额	税率	税额
钢管		吨	6	3 300.00	19 800.00	13%	2 574.00
合计					19 800.00		2 574.00
价税合计(大写)	ⓧ佰ⓧ拾贰万贰仟叁佰柒拾肆元整				（小写）22 374.00		
销货单位	名称：南宁钢铁公司一分厂 纳税人识别号：223622670654778 地址、电话：南宁市邵州路 65 号 开户行及账号：中国工商银行合肥吉祥办事处 356473680345679。				备注	南宁市钢铁公司一分厂 120250568034062 发票专用章	

收款人：　　复核：　　开票人：刘升　　销售单位章

第一联：抵扣联　购货方抵税凭证

图 4-27　原始凭证 1

广西增值税专用发票

抵扣联

核对码：（略）开票日期：2019 年 02 月 18 日　　No 02505916

购货单位	名称：楚隆机械有限责任公司 纳税人识别号：564325670654778 地址、电话：楚隆市双塔区邵口路 86 号　070-64678926 开户行及账号：中国工商银行双办事处账号为：4432566253680345679				密码区	略	
货物或应税劳务名称	规格型号	单位	数量	单价	金额	税率	税额
钢管		吨	6	3 300.00	19 800.00	13%	2 574.00
合计					19 800.00		2 574.00
价税合计(大写)	ⓧ佰ⓧ拾贰万贰仟叁佰柒拾肆元整				（小写）22 374.00		
销货单位	名称：南宁钢铁公司一分厂 纳税人识别号：223622670654778 地址、电话：南宁市邵州路 65 号 开户行及账号：中国工商银行合肥吉祥办事处 356473680345679。				备注	南宁市钢铁公司一分厂 120250568034062 发票专用章	

收款人：　　复核：　　开票人：刘升　　销售单位章

第一联：抵扣联　购货方抵税凭证

图 4-28　原始凭证 2

中国工商银行信汇凭证（回单） 第 XH201001002 号

委托日期： 年 月 日

汇款人	全称		收款人	全称	
	账号或地址			账号或地址	
	汇出地点	省 市县 汇出行名称		汇出地点	省 市县 汇出行名称

		千	百	十	万	千	百	十	元	角	分
金额	人民币（大写）：										

汇款用途：	汇出行盖
上列款项已根据委托办理，如须查询，请持些回单来行面洽。	
单位主管 会计 复核 记账	年 月 日

图 4-29 原始凭证 3

货 票

A No04313

计划号码或运输号码 南宁市铁路局 丙联 承运及收款凭证：发站 ——→ 托运人

发站	南宁	到站(局)	广从	车种车号		货车98号	货车标重		承运人/托运人装车	
经由	广州	货物运到期限	12.5	施封号码或铁路篷布号码						
运价里程	700公里	集装箱箱型		保价金额		198 000.00	现付费用			
							费别	金额	费别	金额
托运人名称及地址	广安市钢铁公司一分厂						运费	1 600		
收货人名称及地址	广昌机械有限责任公司						基金 1			
货物品名	品名代码	件数	货物重量	计量重量	运价号	运价率	基金 2			
管钢			6吨	6吨		300	印花税			
合计										
集装箱号码										
记事							合计	1 600		
							发站承运日期戳	南宁铁路分局 南宁站 经办人章		

图 4-30 原始凭证 4

No. 11

公司因合同违约而涉及一桩诉讼案。根据企业的法律顾问判断，最终的判决很可能对本企业不利。年末尚未接到法院判决，因此诉讼须承担的赔偿金额也无法准备确定。据估计赔偿金额为70 000元。 财务科长：刘刚 2019年02月18日

图 4-31　原始凭证

No. 12

楚隆市人民医院

门诊医疗费收据

日期：2019年02月20日　　No 8849223

姓名：陈楚军　　　性别：男

项目	百	十	元	角	分	
检查费		5	0	0	0	
治疗费						现金付讫
放射费						
手术费						
化验费						
输血费						
输氧费						备　注
观察费						1、收据丢失不补
西药费	1	5	0	0	0	2、无收讫印无效
中成药费		5	0	0	0	3、检查费包括心
中草药费						电、脑电、B超、
自费中药						镜检等各种仪器
自费西药						检查。
						¥：250.00
人民币（大写）：贰佰伍拾零元零角零分						

楚隆人民医院 财务专用章

图 4-32　原始凭证 1

中国工商银行 转账支票存根（楚隆） 支票号码：00770125 附件信息 出票日期：　年　月　日 收款人： 金 额： 用 途： 备 注： 单位主管 会计	本支票付款期十天	中国工商银行转账支票（楚隆）　　支票号码 00770125 出票日期　年　月　日　　开户行名称： 收款人：　　签发人账号： 人民币（大写）　亿 千 百 十 万 千 百 十 元 角 分 用途： 上列款项请从 我账户内支付 出票人签章　　复核　　记账

图 4-33　原始凭证 2

No. 13

根据前面提供的期初工资资料，发放 2019 年 1 月工资。

中国工商银行 转账支票存根（楚隆） 支票号码：00770126 附件信息 出票日期：　年　月　日 收款人： 金 额： 用 途： 备 注： 单位主管 会计	本支票付款期十天	中国工商银行转账支票（楚隆）　　支票号码 X-ZZW00770126 出票日期　年　月　日　　开户行名称： 收款人：　　签发人账号： 人民币（大写）　亿 千 百 十 万 千 百 十 元 角 分 用途： 上列款项请从 我账户内支付 出票人签章　　复核　　记账

图 4-34　原始凭证

No. 14

1月份自来水费收据

2019年 01月

用户名称	楚隆机械有限责任公司			地址　　路　　号							
水　价	上月指针	本月指针	当月用量	项　目	金　额						
					万	千	百	十	元	角	分
0.7 元/m3	25 000	32 000	6 300	自来水		4	4	1	0	0	0
10%				附加费							
0.7 元/m3				水资源费							
人民币（大写）					¥	4	4	1	0	0	0

三 付款凭证

自来水公司　　　　收费员：张辉

楚隆市自来水公司 收费专用章

图 4-35　原始凭证 1

使用部门	单位　元/m^3	用水量（m^3）
机加工车间	0.70	800
装配车间	0.70	1 800
机修分厂	0.70	500
配电分厂	0.70	2 500
厂部	0.70	700
合计		6 300

图 4-36　原始凭证 2

中国工商银行
转账支票存根（楚隆）
支票号码：00770126
附件信息

出票日期：　年　月　日

收款人：
金 额：
用 途：
备 注：

单位主管
会计

本支票付款期十天

中国工商银行转账支票（楚隆）	支票号码 X-ZZW00770126

出票日期　　年　月　日　　　　开户行名称：
收款人：　　　　　　　　　　　签发人账号：

人民币（大写）	亿	千	百	十	万	千	百	十	元	角	分

用途：________________

上列款项请从
我账户内支付
出票人签章　　　　　　　　复核　　　记账

图 4-37　原始凭证 3

No. 15

收 料 单

2019 年 02 月 20 日　　　　编号：12001

材料编号	材料名称	规格	材质	单位	数量		实际单价	材料金额	运杂费	合计（材料实际成本）
					发货票	实收				
供货单位		结算方法		合同号		计划单价		材料/计划成本		
备注										

主管：刘刚　　质量检验员：蒲玉喜　　仓库验收：邓超　　经办人：张楚

①验收报销用

图 4-38　原始凭证 1

收 料 单

2019 年 02 月 20 日　　　　编号：12002

材料编号	材料名称	规格	材质	单位	数量		实际单价	材料金额	运杂费	合计（材料实际成本）
					发货票	实收				
供货单位		结算方法		合同号		计划单价		材料/计划成本		
备注										

主管：刘刚　　质量检验员：蒲玉喜　　仓库验收：邓超　　经办人：张楚

①验收报销用

图 4-39　原始凭证 2

收 料 单

2019 年 02 月 20 日　　　　编号：12003

材料编号	材料名称	规格	材质	单位	数量		实际单价	材料金额	运杂费	合计（材料实际成本）
					发货票	实收				
供货单位		结算方法		合同号		计划单价		材料/计划成本		
备注										

主管：刘刚　　质量检验员：蒲玉喜　　仓库验收：邓超　　经办人：张楚

①验收报销用

图 4-40　原始凭证 3

收 料 单

2019 年 02 月 20 日　　　　编号：12004

<table>
<tr><td rowspan="2">材料编号</td><td rowspan="2">材料名称</td><td rowspan="2">规格</td><td rowspan="2">材质</td><td rowspan="2">单位</td><td colspan="2">数量</td><td rowspan="2">实际单价</td><td rowspan="2">材料金额</td><td rowspan="2">运杂费</td><td rowspan="2">合计（材料实际成本）</td></tr>
<tr><td>发货票</td><td>实收</td></tr>
<tr><td></td><td></td><td></td><td></td><td></td><td></td><td></td><td></td><td></td><td></td><td></td></tr>
<tr><td>供货单位</td><td colspan="2"></td><td colspan="2">结算方法</td><td></td><td>合同号</td><td></td><td colspan="2">计划单价</td><td>材料/计划成本</td></tr>
<tr><td>备注</td><td colspan="7"></td><td colspan="2"></td><td></td></tr>
</table>

①验收报销用

主管：刘刚　　质量检验员：蒲玉喜　　仓库验收：邓超　　经办人：张楚

图 4-41　原始凭证 4

收 料 单

2019 年 02 月 20 日　　　　编号：12005

<table>
<tr><td rowspan="2">材料编号</td><td rowspan="2">材料名称</td><td rowspan="2">规格</td><td rowspan="2">材质</td><td rowspan="2">单位</td><td colspan="2">数量</td><td rowspan="2">实际单价</td><td rowspan="2">材料金额</td><td rowspan="2">运杂费</td><td rowspan="2">合计（材料实际成本）</td></tr>
<tr><td>发货票</td><td>实收</td></tr>
<tr><td></td><td></td><td></td><td></td><td></td><td></td><td></td><td></td><td></td><td></td><td></td></tr>
<tr><td>供货单位</td><td colspan="2"></td><td colspan="2">结算方法</td><td></td><td>合同号</td><td></td><td colspan="2">计划单价</td><td>材料/计划成本</td></tr>
<tr><td>备注</td><td colspan="7"></td><td colspan="2"></td><td></td></tr>
</table>

①验收报销用

主管：刘刚　　质量检验员：蒲玉喜　　仓库验收：邓超　　经办人：张楚

图 4-42　原始凭证 5

收 料 单

2019 年 02 月 20 日　　　　编号：12006

<table>
<tr><td rowspan="2">材料编号</td><td rowspan="2">材料名称</td><td rowspan="2">规格</td><td rowspan="2">材质</td><td rowspan="2">单位</td><td colspan="2">数量</td><td rowspan="2">实际单价</td><td rowspan="2">材料金额</td><td rowspan="2">运杂费</td><td rowspan="2">合计（材料实际成本）</td></tr>
<tr><td>发货票</td><td>实收</td></tr>
<tr><td></td><td></td><td></td><td></td><td></td><td></td><td></td><td></td><td></td><td></td><td></td></tr>
<tr><td>供货单位</td><td colspan="2"></td><td colspan="2">结算方法</td><td></td><td>合同号</td><td></td><td colspan="2">计划单价</td><td>材料/计划成本</td></tr>
<tr><td>备注</td><td colspan="7"></td><td colspan="2"></td><td></td></tr>
</table>

①验收报销用

主管：范军　　质量检验员：蒲玉喜　　仓库验收：刘玉军　　经办人：张楚

图 4-43　原始凭证 6

表 4-1　收料凭证总表

年　　月　　日

材料名称	原料及主要材料		燃料		辅助材料		外购半成品		低值易耗品		包装物		合计	
	计划成本	实际成本	计划成本	实际成本	计划成本	实际成本	计划成本	实际成本	计划成本	实际成本	计划成本	实际成本	计划成本	实际成本
合计														
差异额														
差异率														

No. 16

财产清查报告单

2019 年 02 月 25 日　　　　No 1101

类别	财产名称规格	单位	单价	账面数量	实物数量	盘盈		盘亏		盈亏原因
						数量	金额	数量	金额	
	包装箱	个	400.00	73	71			2	800	待查
合计				73	71			2	800	

财务：　审批：　主管：　保管使用：　制单：李光

二财务

图 4-44　原始凭证 1

财产清查报告单

2019 年 02 月 25 日　　　　No 3101

类别	财产名称规格	单位	单价	账面数量	实物数量	盘盈		盘亏		盈亏原因
						数量	金额	数量	金额	
	六角车床	台	18 000	5	4			1	18 000	待查
合计				5	4			1	18 000	

财务：　审批：　主管：　保管使用：　制单：李光

二财务

（此设备的累计折旧17600）

图 4-45　原始凭证 2

No. 17

增值税专用发票

全国统一发票监制章 楚隆市 国家税务总局监制

No 02405998

此联不作报销、扣税凭证使用　　开票日期：2019年02月26日

购货单位	名　称：南昌机电备件有限公司 纳税人识别号：962431357629022234 地址、电话：南昌市 开户行及账号：农行大沙街办事处361906	密码区	>9<222-28>2/02/9382>* >254+/83434<4835864/* 加密版本 8/66*-*+502>25220*652 3200013140 550</8*>>0<8+->3*>>/02606944 *

货物或应税劳务名称	规格型号	单位	数量	单价	金额	税率	税额
A01产品		台	18	43 000.00	774 000.00	13%	100 620.00
A02产品		台	12	30 000.00	360 000.00	13%	46 800.00
合计					1 134 000.00		147 420.00
价税合计(大写)	壹佰贰拾捌万壹仟肆佰贰拾元整				（小写）1 281 420.00		

销货单位	名称：楚隆机械有限责任公司 纳税人识别号：564325670654778 地址、电话：楚隆市双塔区邵口路86号070-64678926 开户行及账号：中国工商银行双塔办事处 账号为：443256625368034567	备注	

楚隆机械有限责任公司 120250567034068 发票专用章

收款人：　　　复核　　　　开票人：　　　　销货单位（章）

第四联 记账联 销货方记账凭证

图 4-46　原始凭证 1

南昌市工商银行电汇凭证（收账通知或取款收据）　4

委托日期2019年02月26日　　　　第DH201001002号

汇款人	全称	南昌机电备件有限公司	收款人	全称	楚隆机械有限责任公司
	账号或住址	3454…2211322		账号或住址	443256625368034567 9 楚隆市双塔区邵口路86号
	汇出地点			汇入地点	
人民币(大写)					千 百 十 万 千 百 十 元 角 分 ¥ 6 0 0 0 0 0 0 0
汇款用途					

中国工商银行楚隆市双塔办事处 2019.02.26 转账

上列款项已根据委托办理，如须查询，请持此回单来行面洽。　　上列款已照收无误

：陆拾万元整　　汇入行盖章　　年　月　日　　收款人盖章　　年　月　日

楚隆机械有限责任公司 财务专用章

此联是给收款人的收账通知或代取款收据

图 4-47　原始凭证 2

No. 18

固 定 资 产 交 接 单

2019 年 02 月 26 日

移交单位	成品库	接受单位	装配车间
固定资产名称	A01产品	规格	
技术特征			
附属物			
建造企业	楚隆机械有限责任公司	出厂或建在成年月	2019.01.22
安装单位		安装完工年月	
原值	48 000	其中：安装费	
税金	14 382		
移交单位负责人	刘刚	接受单位负责人	肖遥春

图 4-48　原始凭证 1

楚隆增值税专用发票　　　　No 063305

发票联

核对码：略

此联不作报销　扣税凭证使用　　开票日期：2019 年 02 月 26 日

购货单位	名称：楚隆机械有限责任公司 纳税人识别号：564325670654778 地址、电话：楚隆市双塔区邵口路86号 070-64678926 开户行及账号：中国工商银行双塔办事处 账号为：443256625368034567	密码区	>9<222-28>2/02/9381>* >254+/83434<4835864/*　加密版本 8/66*-*+502>25220*652　3200013142 550</8*>>0<8+->3*>>/02606944 *

货物或应税劳务名称	规格型号	单位	数量	单价	金额	税率	税额
秆1 产品		台	2	43 000.00	84 600.00	13	10 998.00
合计					84 600.00		10 998.00
价税合计(大写)	×佰×拾玖万伍仟伍佰玖拾捌元整				（小写）95 598.00		

销货单位	名称：楚隆机械有限责任公司 纳税人识别号：564325670654778 地址、电话：楚隆市双塔区邵口路86号 070-64678926 开户行及账号：中国工商银行双塔办事处账号为：443256625368034567	备注	

收款人：　　复核　　开票人：　　销货单位（章）

第一联　记账联　销货方记账凭证

图 4-49　原始凭证 2

产品出库单

凭证编号：11001

用途：自用　　2019 年 02 月 26 日　　产成品库：二号库

类别	编号	名称及规格	计量单位	数量	单位成本	总成本	
	23001	A01 产品	台	2	24 000	48 000	附注： 装配车间作为固定资产使用。
合计							

二 财务存

记账　保管：　检验：　制单：

图 4-50　原始凭证 3

No. 19

楚隆市广告业专用发票

发　票　联

No　000656

客户名称：楚隆机械有限责任公司　地址：楚隆市双塔区部口路86号　2019年02月27日

项　目	单位	数量	单位	金额 十	万	千	百	十	元	角	分
广　告						9	5	0	0	0	0
合计人民币（大写）玖仟伍佰元整					¥	9	5	0	0	0	0

② 发票联

单位（章）：　地址：　开票人：

图 4-51　原始凭证 1

中国工商银行
转账支票存根（广从）
支票号码：00770131
附件信息

出票日期：　年　月　日

收款人：
金 额：
用 途：
备 注：

单位主管
会计

本支票付款期十天

中国工商银行转账支票（广从）　支票号码 00770131

出票日期　年　月　日　开户行名称：
收款人：　签发人账号：

人民币（大写）	亿	千	百	十	万	千	百	十	元	角	分

用途：

上列款项请从
我账户内支付
出票人签章　复核　记账

图 4-52　原始凭证 2

No. 20

楚隆市增值税专用发票

发票联

校对码：略　　　　开票日期：2019 年 02 月 29 日　　　　No 033302

购货单位	名称	楚隆机械有限责任公司			纳税人登记号	564325670654778		
	地址、电话	楚隆市双塔区郜口路86号			开户银行及账号	中国工商银行双塔办事处账号为：4432566253680345679		
商品或劳务名称		计量单位	数量	单价	金额（百十万千百十元角分）	税率(%)	税额（百十万千百十元角分）	
动力					6 0 0 0 0 0 0	13	7 8 0 0 0 0	
合计					¥ 6 0 0 0 0 0 0		¥ 7 8 0 0 0 0	
价税合计（大写）		⊗佰⊗拾陆万柒仟捌佰零拾零元零角零分				¥：67800.00		
销货单位	名称	市电业局供电公司			纳税人登记号	No572500671527115		
	地址、电话	新华路 85 号			开户银行及账号	工商银行大新办事处		

第三联　发票联　购货方记账凭证

收款人：李成　　　　开票单位（未盖章无效）

图 4-53　原始凭证

No. 21

表 4-2　直接工资及福利费用分配表（1）

2019 年 02　月

分厂、产品		直接工资费用（100%）		工会经费（1.5%）		职工教育经费（1%）	
		分配率	分配额	分配率	分配额	分配率	分配额
机加工车间	A01 产品						
	A02 产品						
	合计						
装配车间	A01 产品						
	A02 产品						
	合计						
辅助生产	机修车间						
	配电车间						
管理中心							
销售中心							
采购中心							

（注：这项业务在薪资管理系统中完成）

表 4-3　直接工资及福利费用分配表（2）

2019 年 01 月

分厂、产品		公积金（8%）		医疗保险（4%）	
		分配率	分配额	分配率	分配额
机加工车间	A01 产品				
	A02 产品				
	合计				
装配车间	A01 产品				
	A02 产品				
	合计				
辅助生产	机修车间				
	配电车间				
管理中心					
销售中心					
采购中心					

（注：这项业务在薪资管理系统中完成）

No. 22

表 4-4　收料凭证总表

年　　月　　日

领料部门及用途			原料及主要材料		燃料		辅助材料		外购半成品		低值易耗品		包装物		合计	
			计划成本	成本差异	计划成本	成本差异	计划成本	成本差异	计划成本	成本差异	计划成本	成本差异	计划成本	成本差异	计划成本	成本差异
生产成本	机加工车间	A01														
		A02														
		A01														
		A02														
	装配车间	A01														
		A02														
		A01														
		A02														
辅助生产	机修车间	A01														
		A02														
		A01														
		A02														
	配电车间	A01														
		A02														
		A01														
		A02														

表 4-4（续）

领料部门及用途			原料及主要材料		燃料		辅助材料		外购半成品		低值易耗品		包装物		合计	
			计划成本	成本差异	计划成本	成本差异	计划成本	成本差异	计划成本	成本差异	计划成本	成本差异	计划成本	成本差异	计划成本	成本差异
制造费用	机加工车间	A01														
		A02														
		A01														
		A02														
	装配车间	A01														
		A02														
		A01														
		A02														
	公司总部															
	合计															

制表：

No. 23

表 4-5 固定资产折旧计算表（1）

2019 年 01 月

固定资产类别	固定资产名称	预计使用年限	预计净残值率	月折旧率	机加工车间		装配车间		机修车间		配电车间		总经理办公室		合计	
					原值	月折旧额	原值	月折旧额	原值	月折旧额	原值	月折旧额	原值	月折旧额	原值	月折旧额
合计																

表 4-6 固定资产折旧计算表（2）

2019 年 01 月

固定资产类别	固定资产名称	预计使用年限	预计净残值率	月折旧率	销售中心		采购中心		财务部		人力资源部		机修车间和配电车间		合计	
					原值	月折旧额	原值	月折旧额	原值	月折旧额	原值	月折旧额	原值	月折旧额	原值	月折旧额
合计																

（注：此业务需在固定资产系统中完成）

No. 24

辅助生产车间提供劳务数量

年　月

辅助生产分厂	机加工车间		装配车间		机修分厂	公司总部	合计
	生产用	管理用	生产用	管理用			
机修车间		25 000		28 000		6 000	59 000
配电车间	12 000	13 000	50 000	18 000	4 000	25 000	122 000

制表：　　　　　审核：

图 4-54　原始凭证

表 4-7　辅助生产费用分配表

年　月

辅助生产车间	应分配费用额	劳务用电数量	分配额								管理费用		合计	
			生产成本				制造费用							
			机加工车间		装配车间		机加工车间		装配车间					
			数量	金额	数量	金额	数量	金额	数量	金额	数量	金额	数量	金额
机修车间														
配电车间														
合计														

制表：　　　　审核：

表 4-8　动力费用分配表

车间、产品		定额工时	分配率	动力费用分配额
	A01 产品			
	A02 产品			
	合计			
	A01 产品			
	A02 产品			
	合计			

制表：　　审核：

No. 25

表 4-9 制造费用分配表

年 月

车间、产品		定额工时	分配率	制造费用分配额
	A01 产品			
	A02 产品			
	合计			
	A01 产品			
	A02 产品			
	合计			

制表： 审核：

No. 26

车间制造成本计算单

车间名称：

产品名称： 年 月 日 完工产量：

成本项目	月初在产品成本	本月生产费用	费用合计	约当产量	分配率	完工产品成本	月末在产品成本
直接材料							
直接工资							
其他直接支出							
制造费用							
合计							

制表：

图 4-55 原始凭证 1

车间制造成本计算单

车间名称：

产品名称： 年 月 日 完工产量：

成本项目	月初在产品成本	本月生产费用	费用合计	约当产量	分配率	完工产品成本	月末在产品成本
直接材料							
直接工资							
其他直接支出							
制造费用							
合计							

制表：

图 4-56 原始凭证 2

车间制造成本计算单

车间名称：

产品名称：　　　　　　　　　　　　年　月　日　　　　　　　　完工产量：

成本项目	月初在产品成本	本月生产费用	费用合计	约当产量	分配率	完工产品成本	月末在产品成本
直接材料							
直接工资							
其他直接支出							
制造费用							
合计							

制表：

图 4-57　原始凭证 3

车间制造成本计算单

车间名称：

产品名称：　　　　　　　　　　　　年　月　日　　　　　　　　完工产量：

成本项目	月初在产品成本	本月生产费用	费用合计	约当产量	分配率	完工产品成本	月末在产品成本
直接材料							
直接工资							
其他直接支出							
制造费用							
合计							

图 4-58　原始凭证 4

完工产品制造成本汇总计算单

产品名称：　　　　　　　　　　　　年　月　日　　　　　　　　完工产量：

部　门	直接材料	直接工资	其他直接支出	制造费用	总产品成本	产品单位成本
机加工车间						
装配车间						
产品总成本						
产品单位成本						
合　计						

制表：

图 4-59　原始凭证 5

完工产品制造成本汇总计算单

产品名称：　　　　　　　　　　　　　　年　月　日　　　　　　完工产量：

部　门	直接材料	直接工资	其他直接支出	制造费用	总产品成本	产品单位成本
机加工车间						
装配车间						
产品总成本						
产品单位成本						
合　计						

制表：

图 4-60　原始凭证 6

产 品 交 库 单

年　月　日　　　　　　　　　　凭证编号：

交库部门：　　　　　　　　　　　　　　产成品库：

产品类别	产品名称及规格	产品编号	计量单位	实收数量	单位成本	实际成本
合计						

记账：　　主管：　　保管：　　交库：

图 4-61　原始凭证 7

产 品 交 库 单

年　月　日　　　　　　　　　　凭证编号：

交库部门：　　　　　　　　　　　　　　产成品库：

产品类别	产品名称及规格	产品编号	计量单位	实收数量	单位成本	实际成本
合计						

记账：　　主管：　　保管：　　交库：

图 4-62　原始凭证 8

No. 27

产品交库单

用途：销售　　　　年　月　日　　　　凭证编号：1101

产成品库：一号库

类别	编号	名称及规格	计量单位	数量	单位成本	总成本		

图 4-63　原始凭证 1

产品交库单

用途：销售　　　　年　月　日　　　　凭证编号：1102

产成品库：一号库

类别	编号	名称及规格	计量单位	数量	单位成本	总成本		

图 4-64　原始凭证 2

产品交库单

用途：销售　　　　年　月　日　　　　凭证编号：1103

产成品库：一号库

类别	编号	名称及规格	计量单位	数量	单位成本	总成本		

图 4-65　原始凭证 3

产品交库单

用途：销售　　　　年　月　日　　　　凭证编号：1104

产成品库：一号库

类别	编号	名称及规格	计量单位	数量	单位成本	总成本		

图 4-66　原始凭证 4

表 4-10　产品销售成本计算表

年　月　日

<table>
<tr><td rowspan="2">产品名称</td><td colspan="3">期初结存</td><td colspan="3">本期完工入库</td><td colspan="3">本期销售</td></tr>
<tr><td>数量</td><td>单位成本</td><td>总成本</td><td>数量</td><td>单位成本</td><td>总成本</td><td>数量</td><td>单位成本</td><td>总成本</td></tr>
<tr><td>A01 产品</td><td></td><td></td><td></td><td></td><td></td><td></td><td></td><td></td><td></td></tr>
<tr><td>A02 产品</td><td></td><td></td><td></td><td></td><td></td><td></td><td></td><td></td><td></td></tr>
</table>

制表：方小梅　　财务科长：刘刚

No. 28

表 4-11　增值税纳税申报表

金额单位：元（列至角分）

<table>
<tr><td colspan="2">纳税人名称</td><td colspan="6"></td><td colspan="2">微机编码</td><td colspan="2"></td></tr>
<tr><td>纳税期限</td><td>年月日</td><td colspan="2">税款所属时期</td><td colspan="3">年月日至年月日</td><td colspan="2">税务登记号码</td><td colspan="3"></td></tr>
<tr><td rowspan="2">应税货物或劳务的名称</td><td rowspan="2">计税数量</td><td rowspan="2">计量单位</td><td rowspan="2">计税依据</td><td rowspan="2">税率或征收率</td><td rowspan="2">销项税额</td><td colspan="2">进项税额</td><td rowspan="2">应纳税额</td><td rowspan="2">减免税额</td><td rowspan="2">批准缓税额</td><td rowspan="2">本期申报应纳税额</td></tr>
<tr><td>合计</td><td>其中：本期允许抵扣</td></tr>
<tr><td>1</td><td>2</td><td>3</td><td>4</td><td>5</td><td>6=4×5</td><td>7</td><td>8</td><td>9=6-8</td><td>10</td><td>11</td><td>12=9-10-11</td></tr>
<tr><td></td><td></td><td></td><td></td><td></td><td></td><td></td><td></td><td></td><td></td><td></td><td></td></tr>
<tr><td></td><td></td><td></td><td></td><td></td><td></td><td></td><td></td><td></td><td></td><td></td><td></td></tr>
<tr><td></td><td></td><td></td><td></td><td></td><td></td><td></td><td></td><td></td><td></td><td></td><td></td></tr>
<tr><td>合计</td><td></td><td></td><td></td><td></td><td></td><td></td><td></td><td></td><td></td><td></td><td></td></tr>
<tr><td>城建税</td><td></td><td></td><td></td><td></td><td></td><td></td><td></td><td></td><td></td><td></td><td></td></tr>
<tr><td>教育费附加</td><td></td><td></td><td></td><td></td><td></td><td></td><td></td><td></td><td></td><td></td><td></td></tr>
<tr><td rowspan="2">附列资料</td><td rowspan="2">增值税专用发票领、用、存情况</td><td colspan="3">领购数量（组）</td><td colspan="2">使用数量（组）</td><td colspan="2">作废数量（组）</td><td colspan="3">结存数量（组）</td></tr>
<tr><td colspan="3"></td><td colspan="2"></td><td colspan="2"></td><td colspan="3"></td></tr>
<tr><td>申报单位或代理机构</td><td colspan="5">申报人或代理人：　　申报日期　　（公章）年月日</td><td>税务机关审核</td><td colspan="5">受理日期：
审核时间：
审核人：　　（章）</td></tr>
</table>

No. 29

将各收入科目结转本年利润
将成本费用科目结转本年利润
计算应交所得税并将所得税结转到本年利润

注：利用总账管理系统的自定义转账功能，自动完成期间损益结转的业务，先进行期间损益结转设置，再进行期间损益结转生成。

图 4-67　原始凭证

第五部分

会计电算化综合业务实验部分难点操作指南

一、总账管理

（一）项目设置

1、企业在实际业务处理中会对多种类型的项目进行核算和管理，如在建工程、对外投资、技术改造项目、项目成本管理、合同等。将具有相同特性的一类项目定义成一个项目大类。一个项目大类可以核算多个项目，为了便于管理，我们还可以对这些项目进行分类管理。

提示：项目大类的名称是该类项目的总称，而不是会计科目的名称。

步骤（见图 5-1、图 5-2、图 5-3）：

（1）增加或修改项目大类；

（2）定义项目核算科目（前提：会计科目设置相关的项目核算科目）；

（3）项目栏目结构；

（4）项目分类；

（5）项目目录的维护（“是否结算”栏为空）。

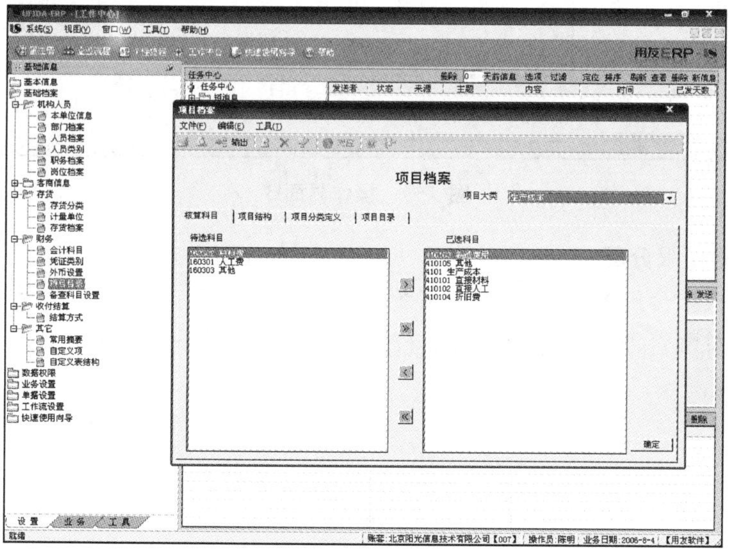

图 5-1　操作界面 1

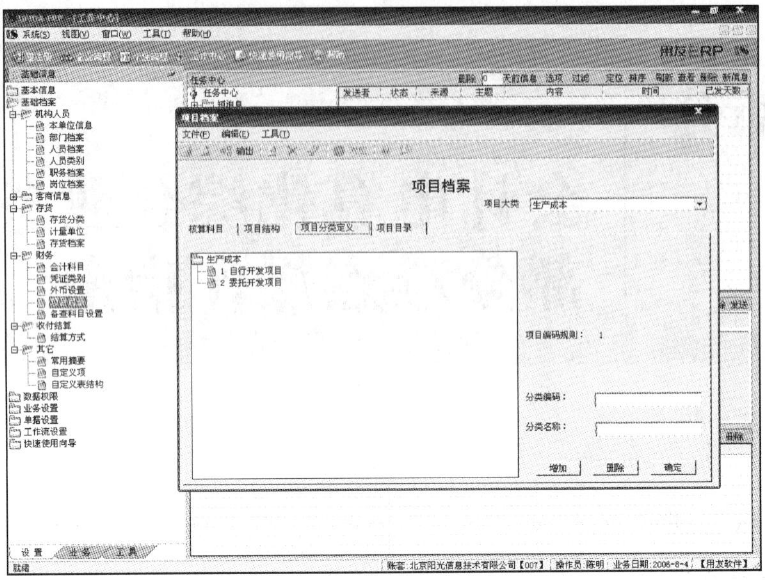

图 5-2　操作界面 2

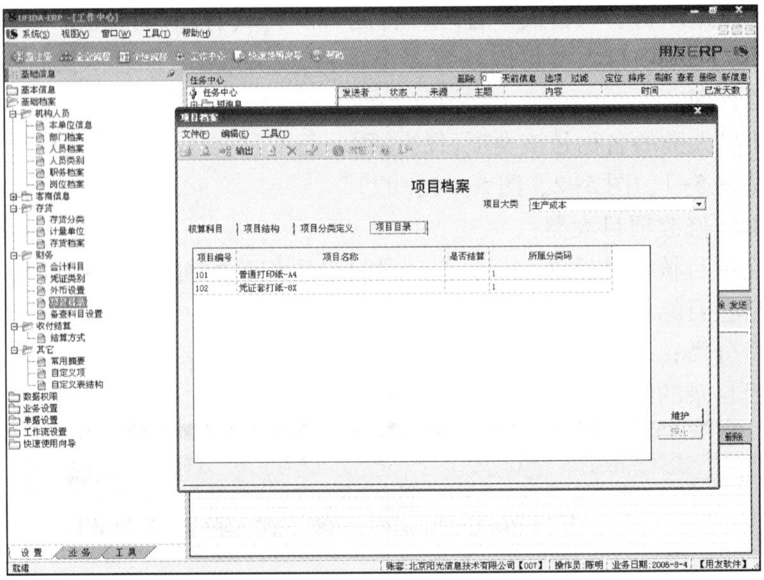

图 5-3　操作界面 3

（二）数据权限分配

为了数据权限合理控制，必须在系统管理中定义角色或用户，并且分配完功能级权限后才能在总账管理系统进行“数据权限分配”（见图 5-4、图 5-5）。

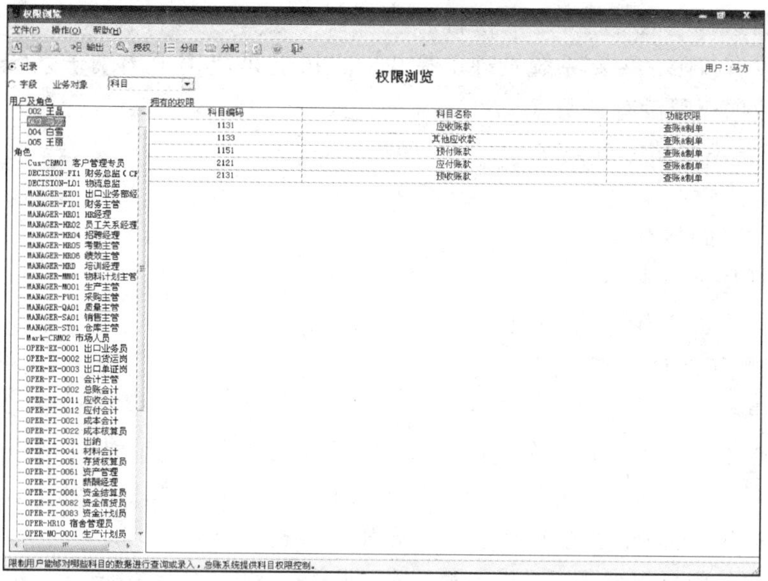

图 5-4　操作界面 4

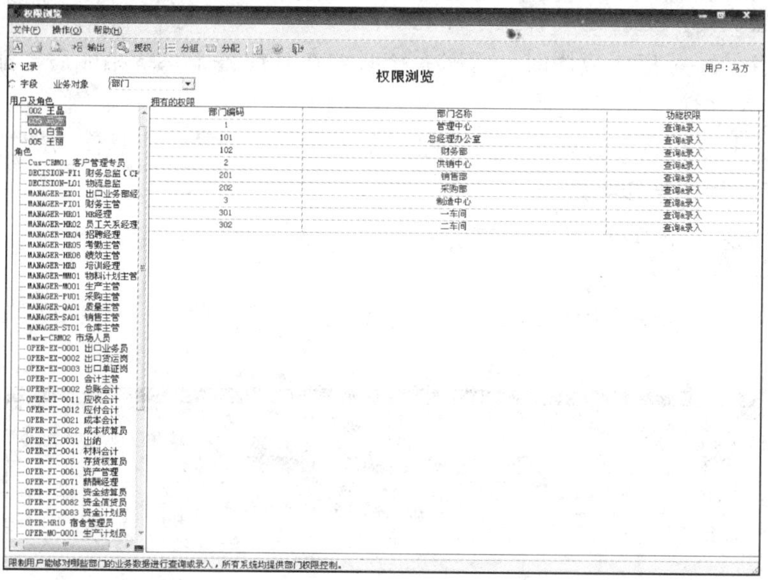

图 5-5　操作界面 5

（三）期初余额

只要求录入最末级科目的余额和累计发生数，上级科目的余额和累计发生数由系统自动计算。有往来辅助核算的科目都要按明细录入数据，录入结束后核对期初余额，并进行试算平衡。

每个科目的余额方向由科目性质确定。当需要改变科目余额方向时按“方向”按钮可修改科目的余额方向（科目性质）。

完成后可核对给出的期初余额文件：期初余额．xls。

（四）出纳签字的时候，提示“没有符合条件的记录”

在基础档案中，找到会计科目，点击“编辑”菜单，选择“指定科目”，在“现金总账”科目选择“现金”，也“银行总账科目”选择“银行存款”。如果操作不成功，可能是没有权限，要到系统管理里授权，也可能是启用了出纳子系统，要取消启用，或者是数据权限没有分配好。

（五）记账不成功检查处理

记账不成功检查步骤：

（1）登陆时间是否超前；

（2）上月是否结账；

（3）本月是否还有凭证没审核。

（六）结账不成功检查

1. 结账前

（1）检查本月业务是否已全部记账，有未记账的凭证时不能结账。

（2）检查上月是否已结账，上月未结账，则本月不能结账。实际上，上月未结账的话，本月也不能记账，只能填制、复核凭证。

（3）核对总账与明细账、总账与辅助账，账账不符，不能结账。

（4）对科目余额进行试算平衡，试算结果不平衡将不能结账。

（5）损益类账户是否已结转至本年利润。

（6）当各子系统集成应用时，总账系统必须在其他各子系统结账后才能最后结账。

2. 结账后

当月不能再填制凭证，要将当月各账户发生额及余额转到下月作为期初余额。

（七）期间损益结转生成

1. 期间损益结转设置

步骤：

（1）进入总账系统，执行期末——转账定义——期间损益——期间损益结转设置（见图5-6）；

图5-6 操作界面6

（2）选择凭证类别与本年利润科目（见图 5-7）；

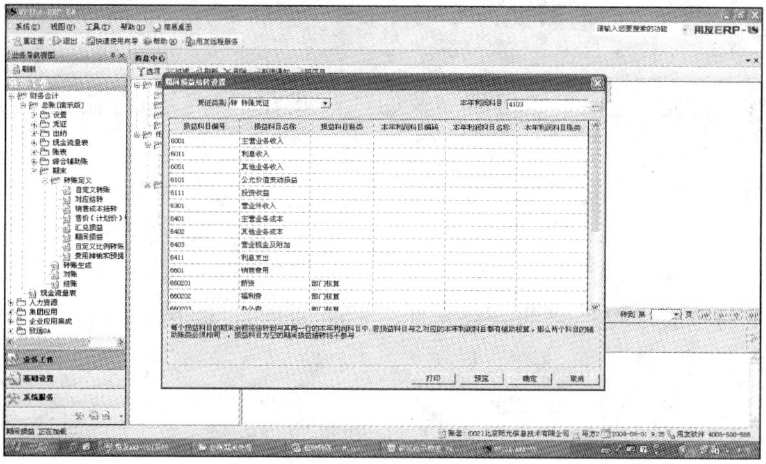

图 5-7 操作界面 7

（3）单击“确定”即可。

2. 转账生成

步骤：

（1）进入总账系统；

（2）执行：期末——转账生成，进入期间损益生成，按提示操作。

（八）反结账、反记账与反审核、反出纳签字

1. 反结账：

期末——结账——选择反结账的月份——CTRL + SHIFT + F6——激活“取消结账”——输入口令——确认。

2. 反记账

如果记账完毕之后，又需要修改凭证，则需要反记账。

总账——期末——对账界面，然后按 CTRL+H，再进入总账——凭证——点恢复记账前状态，即可反记账。

3. 反审核

以审核人身份进入——凭证——查询凭证——审核——成批取消审核（单张取消审核）。

4. 反出纳签字

以出纳身份进入——凭证——查询凭证——出纳——成批取消出纳签字（单张取消出纳签字）。

二、薪资管理系统

（一）启用薪资系统

步骤：

1. 用账套主管身份登录企业应用平台；

2. 基础设置——基本信息——系统启用；

3. 点击“薪资系统”；

4. 在下拉列表中选择时间 2019 年 1 月 1 日。时间千万不能选错，否则会造成后续大量的麻烦。

注意：当启用时出现以下类似语句，如“…正在运行…独占任务…申请不成功”等时处理方法如下。

（1）退出平台；

（2）登录系统管理；

（3）点击“视图”；

（4）在下拉列表中点击“清除异常任务——刷新”，刷几下；

（5）退出系统管理；

（6）重新进入平台进行操作即可。

（二）工资项目设置

步骤：

1. 打开薪资系统

2. 设置——工资项目设置，打开工资项目设置对话框。

3. 单击“增加”。

4. 在名称参照下拉列表中选择“基本工资”，类型、长度、小数、增减项采用系统默认。

5. 单击“增加”。

（1）相应增加：基本工资、奖励工资、交补、。这几个项目的类型、长度、小数位数、采用系统默认，增减项栏为增项。

（2）请假扣款、养老保险金：增减项栏为减项，其他采用系统默认。

（3）请假天数：增减项栏为其他，其他采用系统默认。

6. 在工资项目列表中选中“工资代扣税”增减项一栏，将其修改为“减项”。

7. 点击“确定——是”，工资项目设置完毕。

（三）建立工资账套

1. 建账参数设置

步骤：

1、注意勾“多个”。
2、注意勾选该选项

（1）建账第一步参数设置中，选择工资类别为“多个”；默认货币为人民币；不勾“是否核算计件工资”。

（2）建账第二步扣税计置中，勾选“是否从工资中代扣税”。

（3）建账第三步扣零设置中采用系统默认。

（4）建账第四步人员编码中，系统要求和初始的人员编码一致。

（5）单击“完成”。

2. 建立正式人员工资类别

步骤：

（1）进入平台——业务工作——人力资源——薪资管理——工资类别——新建工资类别；

（2）在下拉列框中先选择，后点击“下一步”。

以图片的形式列出，尤其要注意勾选的项，在此不一一列举（见图 5-8）。

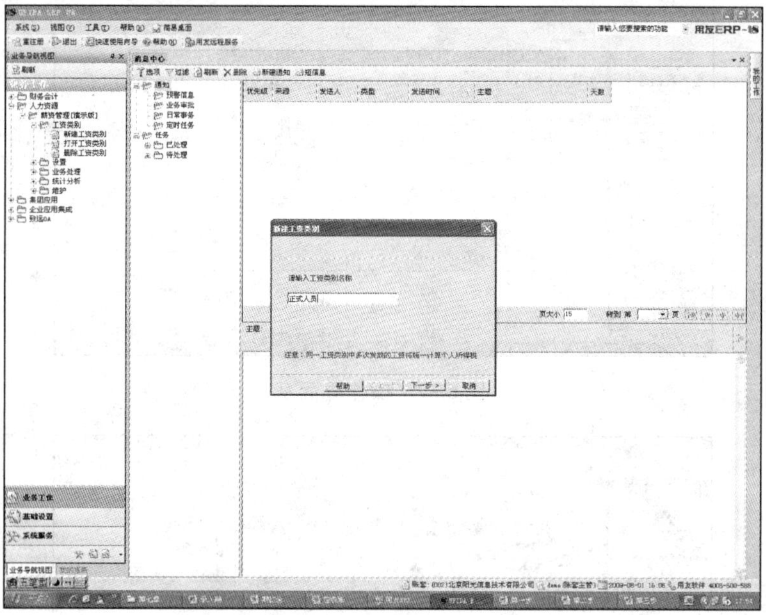

图 5-8　操作界面 8

点击“完成”之后选择“是”即可。

（四）人员档案的设置

步骤：

1. 打开正式职工工资类别；
2. 点击“人员档案”；
3. 点击“批增”；
4. 在“企业管理人员、经营人员、车间管理人员、生产人员”前面选择栏内选择“是”；
5. 点击“确定”；
6. 按表格内容输入银行账号，现金发放栏全部选否。

（五）工资项目设置与公式设置

1. 工资项目设置（见图 5-9、图 5-10）

步骤：

（1）已进行了工资项目的初始设置。

（2）打开正式工资类别。

（3）已建立部门档案。

（4）已建立人员档案（强调：只有在以上四步已完成情况下，才能进行该项设置）。

点击“工资项目设置——增加——参照”，将基本工资、奖励工资、交通补贴、请假扣款、养老保险、请假天数等参照过来。

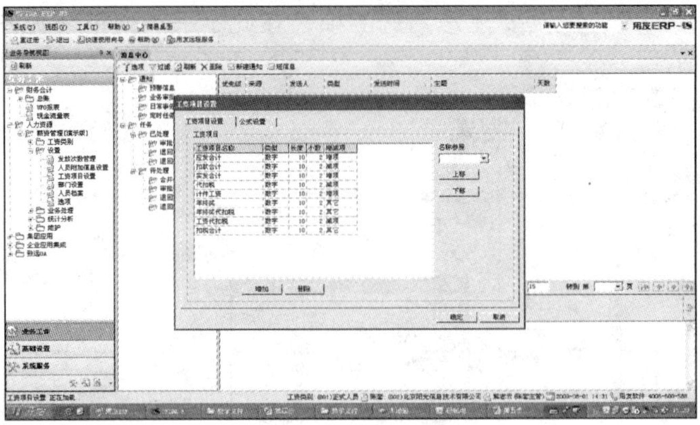

图 5-9　操作界面 9

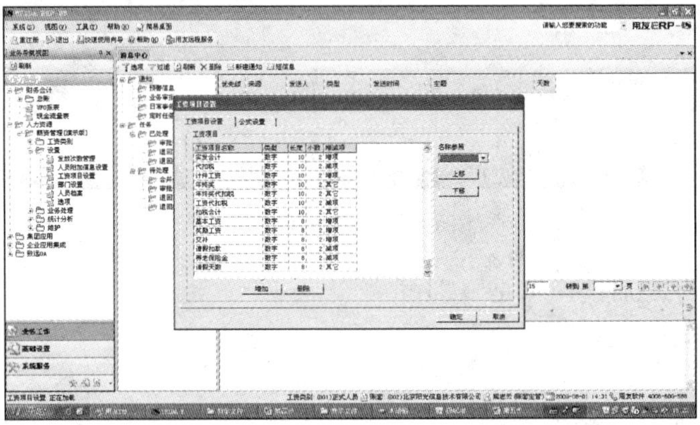

图 5-10　操作界面 10

2. 公式设置

（1）请假扣款公式设置

步骤：

①已做完工资项目设置（见图 5-11）；

②打开公式设置；

③点击“增加”；

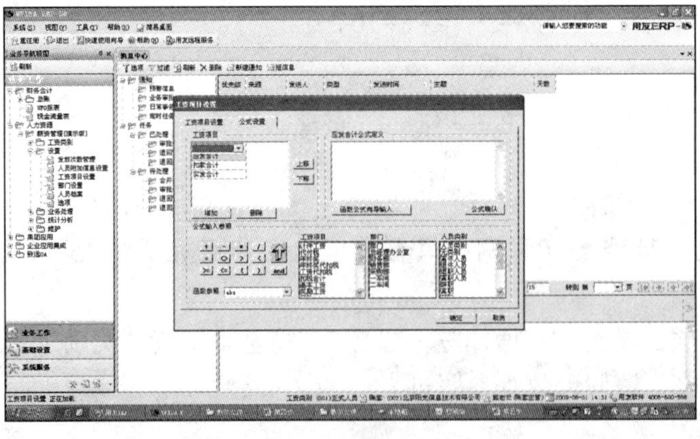

图 5-11　操作界面 11

④将请假扣款参照进去，并单击“请假天数公式定义”框，依照提示和要求进行（见图 5-12）；

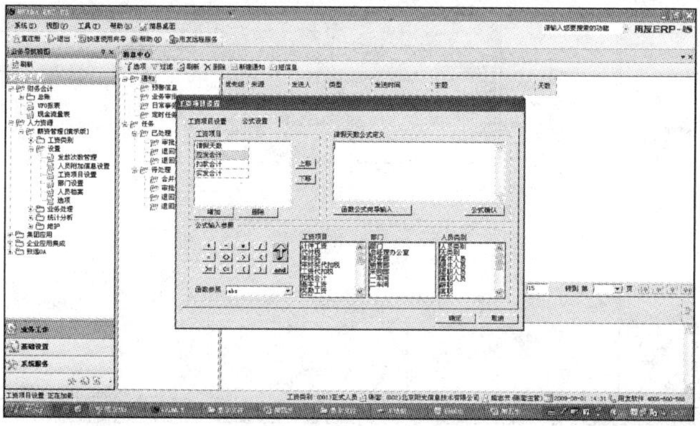

图 5-12　操作界面 12

⑤单击“工资项目”列表中的“请假天数”（见图 5-13）。

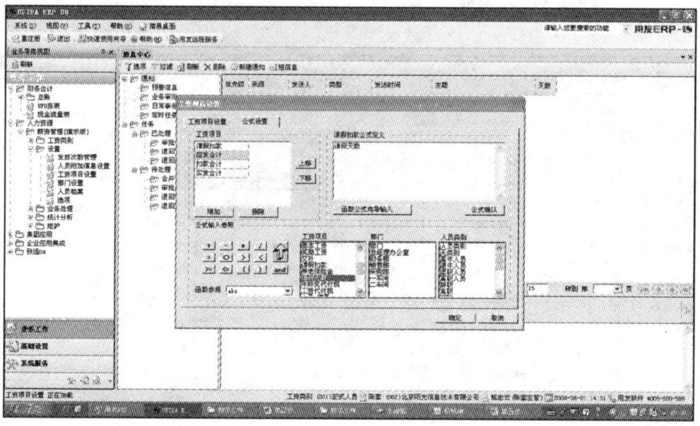

图 5-13　操作界面 13

2. 设置交通补贴公式

步骤：

（1）打开工资项目设置——公式设置——增加，将交通补贴参照过来（见图 5-14）；

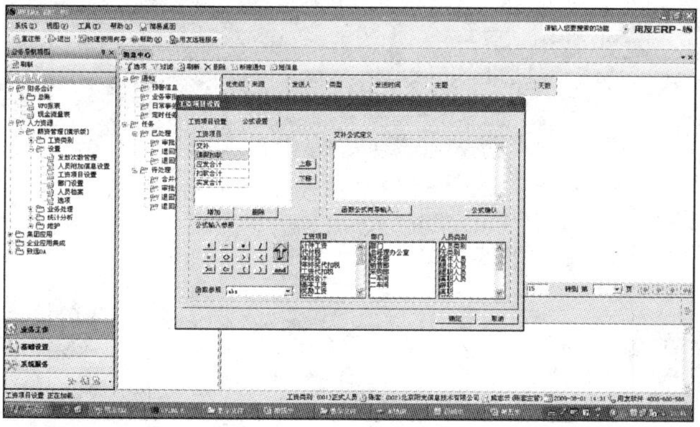

图 5-14　操作界面 14

（2）单击函数公式向导输入——找到 iff 并选中——下一步（见图 5-15）；

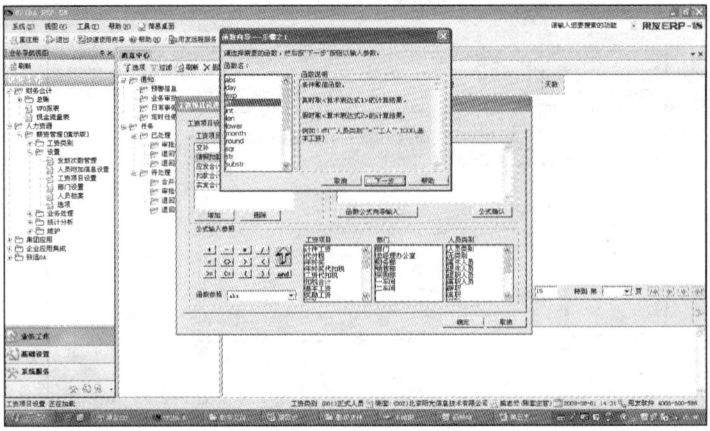

图 5-15　操作界面 15

（3）单击逻辑表达式右侧的参照——在参照列表中选择“人员类别与企业管理人员”——确定（见图 5-16）；

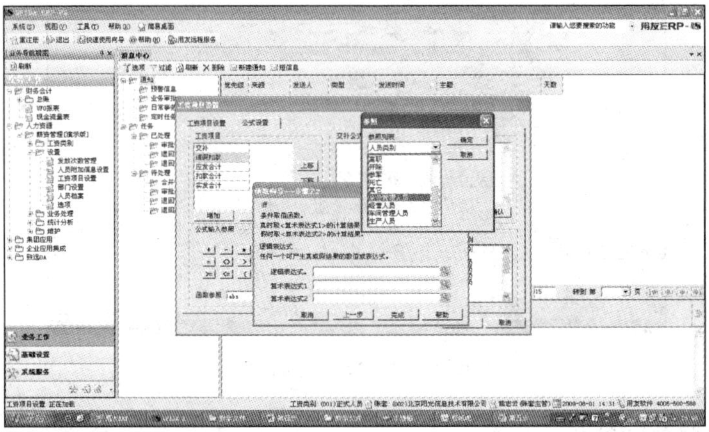

图 5-16　操作界面 16

（4）输入以下公式（按要求进行输入），单击“确定”即可（见图 5-17、图 5-18）。

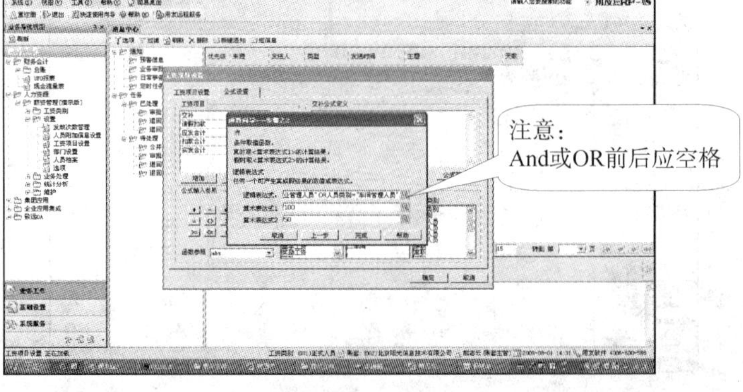

图 5-17　操作界面 17

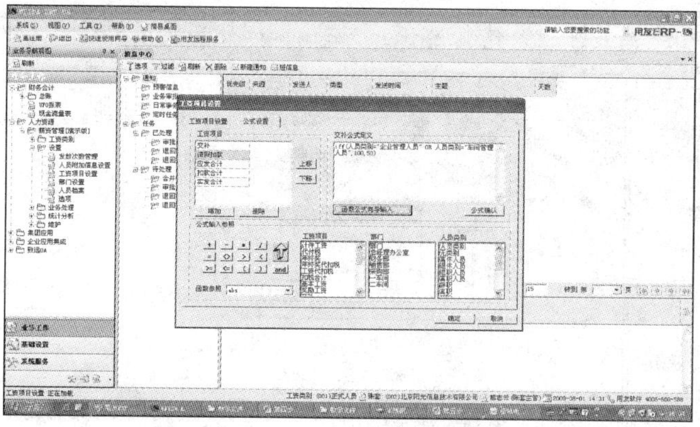

图 5-18　操作界面 18

3. 其他项目公式设置类似。

（六）工资替换

步骤：

1. 打开正式工工资类别；
2. 点击“业务处理——工资变动”；
3. 选择被替换对象（见图 5-19）；

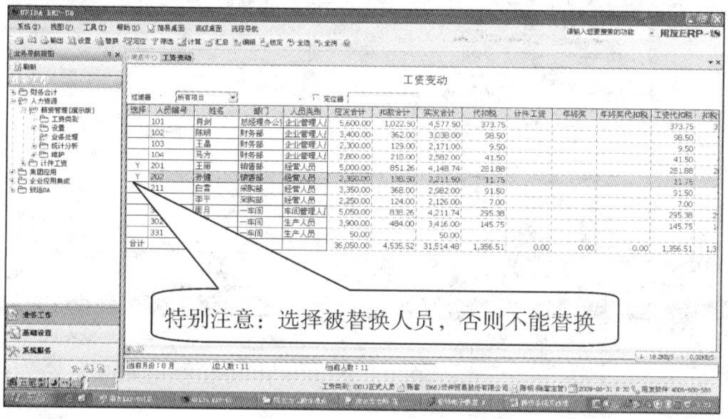

图 5-19　操作界面 19

4. 输入替换条件（见图 5-20、图 5-21）；

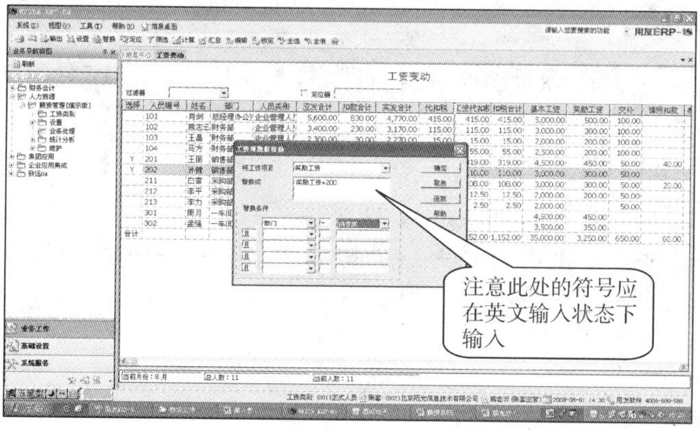

图 5-20　操作界面 20

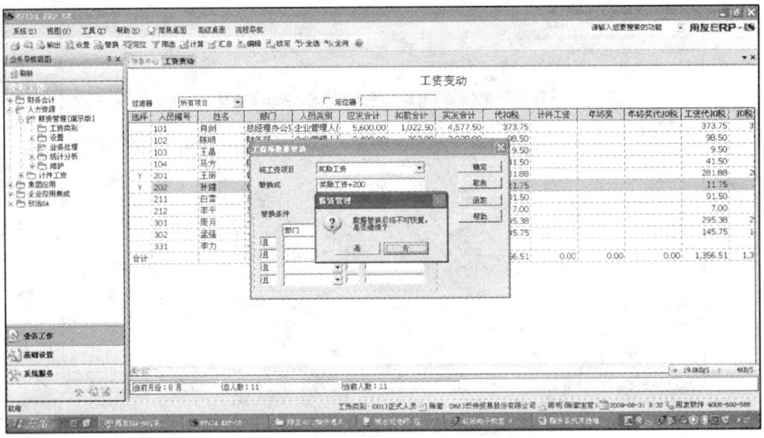

图 5-21　操作界面 21

5. 点击“是”，即可替换成功（见图 5-22）；

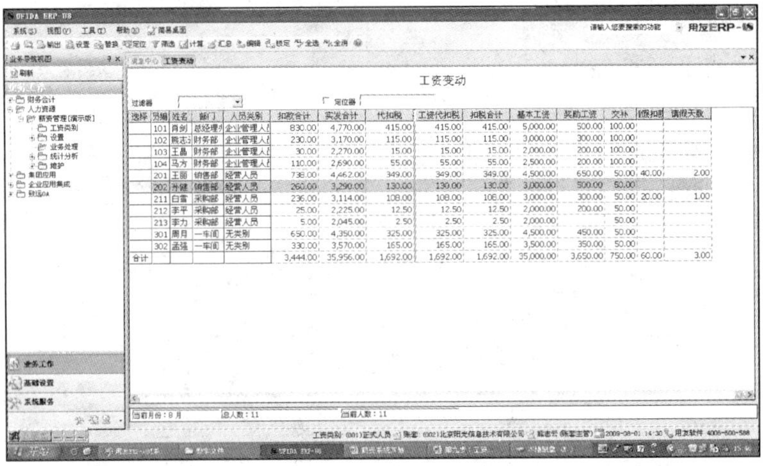

图 5-22　操作界面 22

6. 点击“计算”“汇总”，然后退出。

（七）查看扣缴的个人所得税

步骤：业务处理——扣缴所得税——扣除缴个人所得税申报表——打开——确定即可看到。

注意：工资项目一定要按顺序排列，否则会不正确，或者没有数字。

（八）工资分摊

步骤（见图 5-23、图 5-24）：

1. 打开需要分摊的工资类别；

2. 点击业务处理——工资分摊——分摊类型设置——增加——应付工资——下一步——按提示进行。

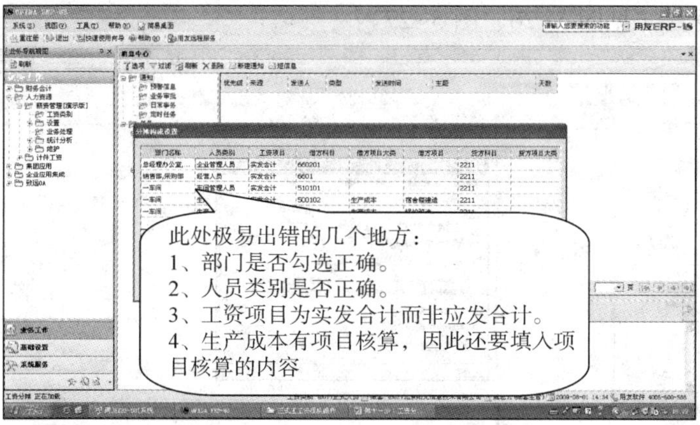

图 5-23　操作界面 23

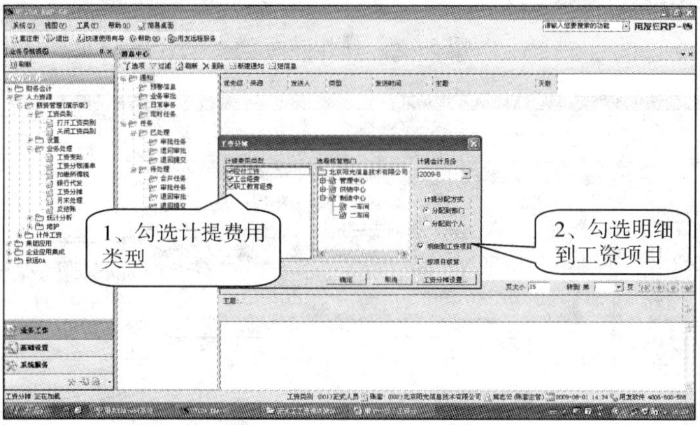

图 5-24　操作界面 24

三、固定资产管理系统

（一）固定资产初始参数设置、资产类别设置

注意以下易错之处（见图 5-25）：

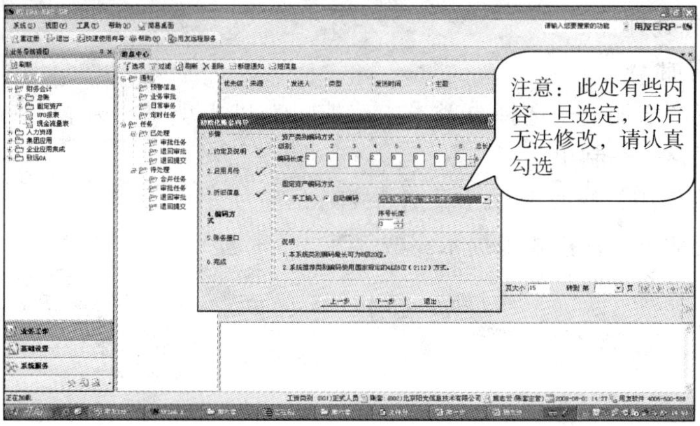

图 5-25　操作界面 25

补充参数设置（见图 5-26、图 5-27）：

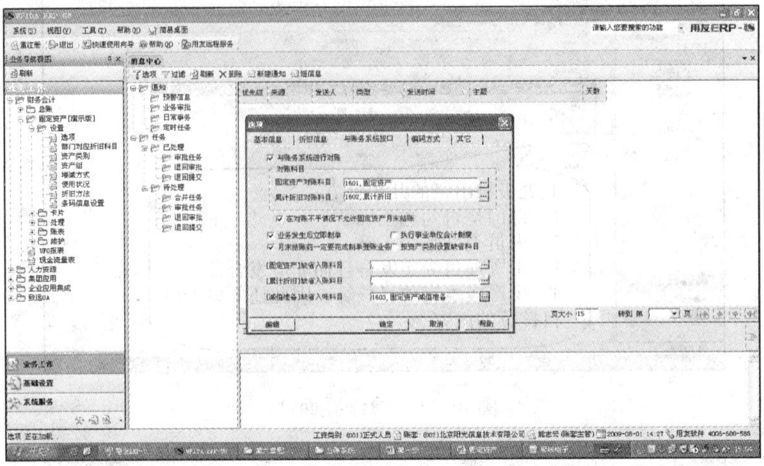

图 5-26　操作界面 26

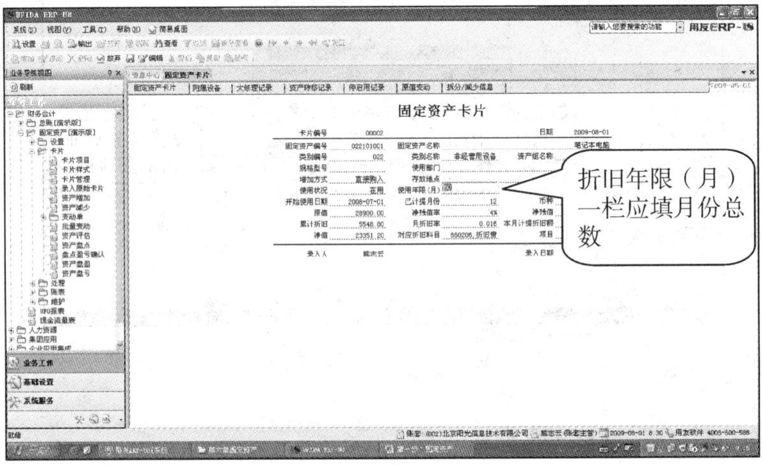

图 5-27　操作界面 27

（二）固定资产日常及期末业务处理

1、日常业务处理：

（1）资产增加

卡片——资产增加——选择分类——确定——进入填写卡片窗口——填入实验要求的资料——保存——制单

（2）大修理停用，修改卡片（见图 5-28）

卡片——变动单——按要求提示完成

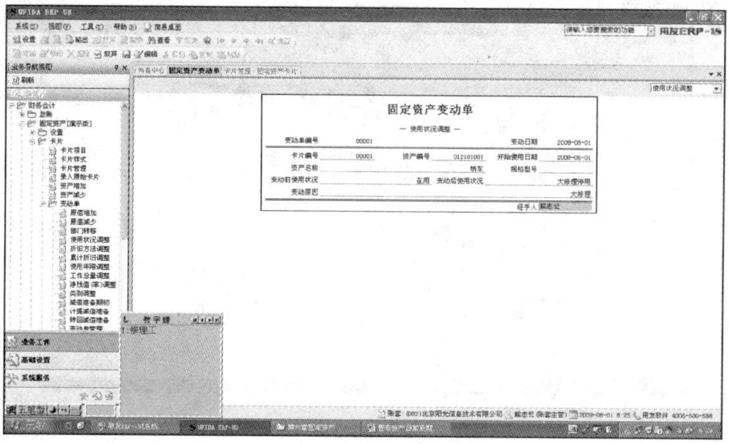

图 5-28　操作界面 28

（3）折旧处理（见图 5-29）

处理——计提本月折旧——是——是——退出——保存

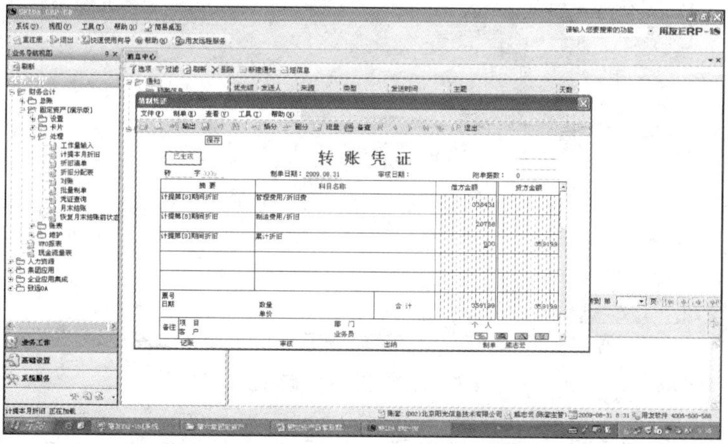

图 5-29　操作界面 29

（4）资产减少（见图 5-30、图 5-31）

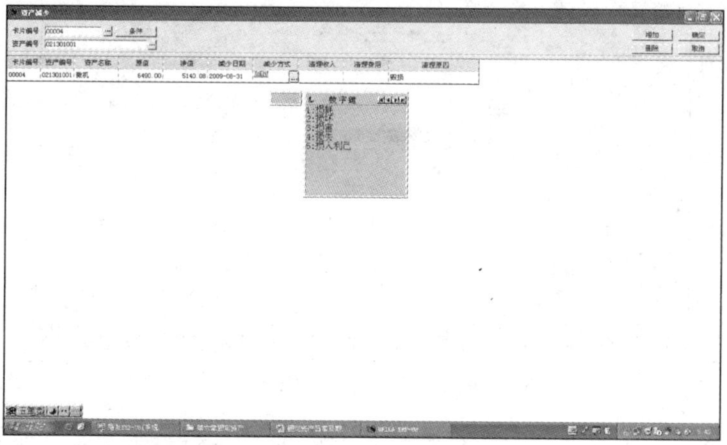

图 5-30　操作界面 30

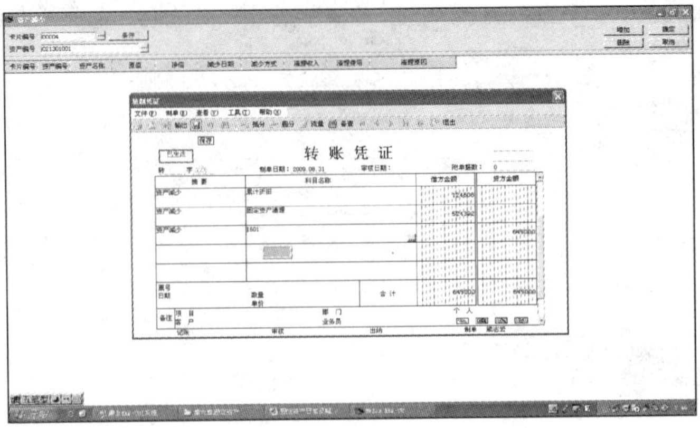

图 5-31　操作界面 31

(三) 账表管理（见图 5-32）

账表——我的账表——折旧表——（部门）折旧计提汇总表——确定

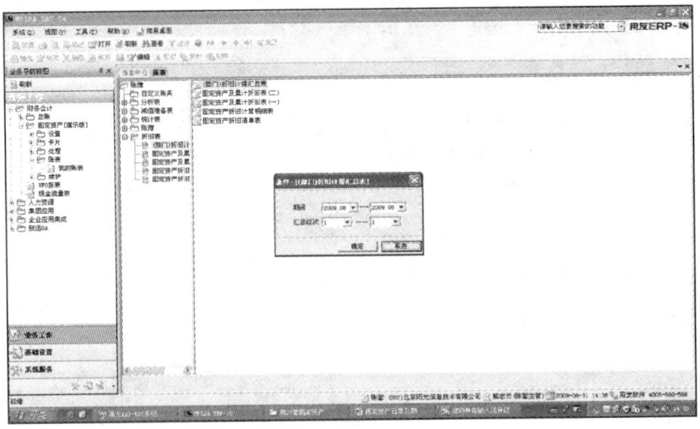

图 5-32　操作界面 32

(四) 对账（见图 5-33）

处理——月末结账——点击“开始结账”——确定

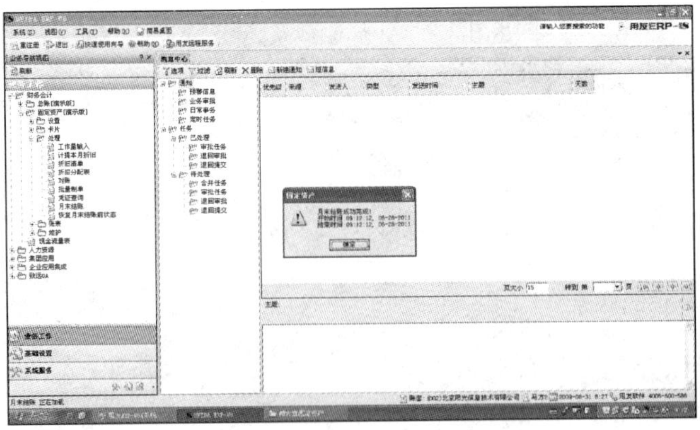

图 5-33　操作界面 33

对账可能会出现不平衡，主要是查找总账的期初余额与固定资产管理系统的期初余额是否一致，或者总账是否已记账，计提折旧是否正确。

四、应收系统初始设置

注意：

1．从控制参数到账期内账龄区间及愈期账龄区间都是在应收系统的初始设置里填制的。

2．计量单位组、计量单位、存货分类、存货档案都是在基础档案——存货里面填制的。

（一）应收系统基础设置

1．控制参数（见图 5-34）

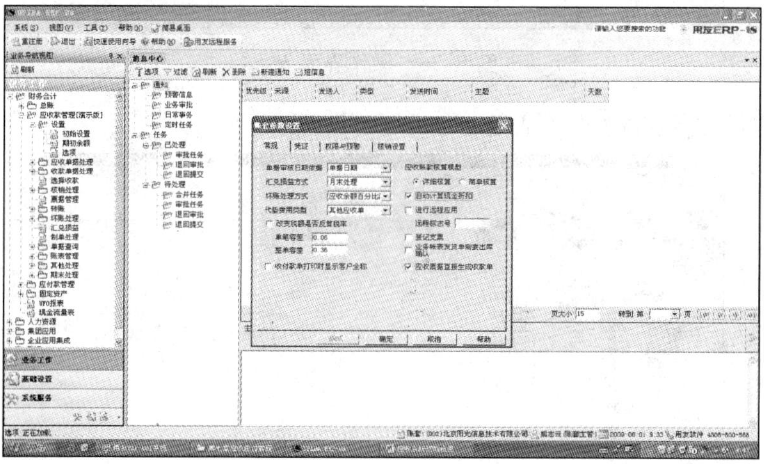

图 5-34　操作界面 34

2．设置科目

（1）基础科目设置（见图 5-35）

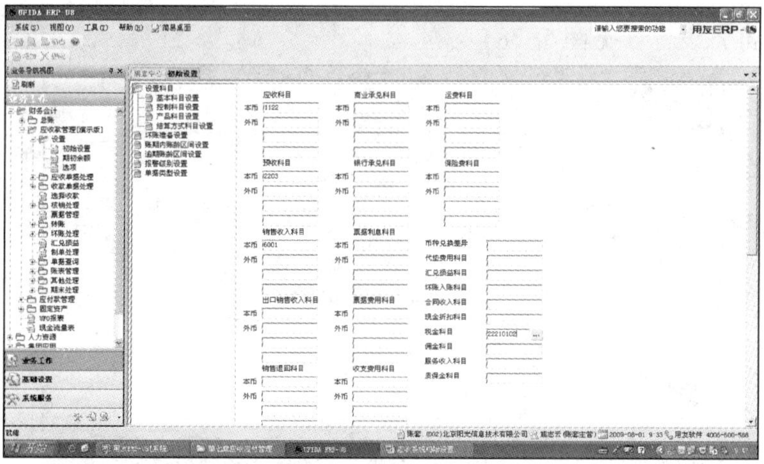

图 5-35　操作界面 35

（2）控制科目（见图5-36）

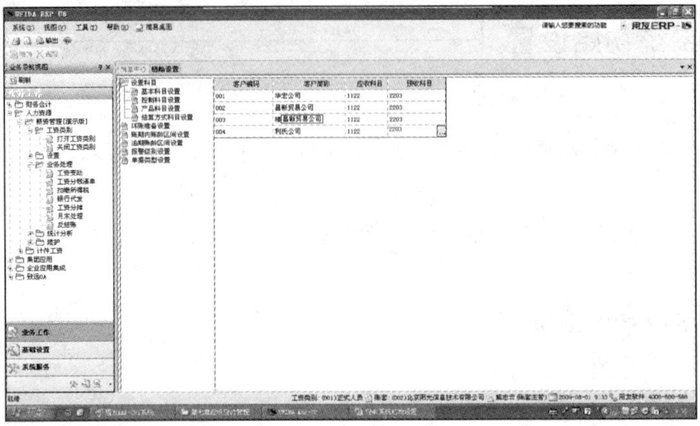

图5-36　操作界面36

（3）结算方式科目设置（见图5-37）

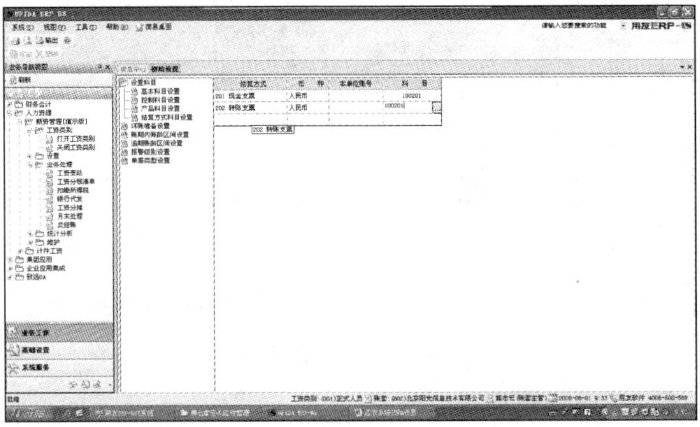

图5-37　操作界面37

3. 坏账准备设置（见图5-38）

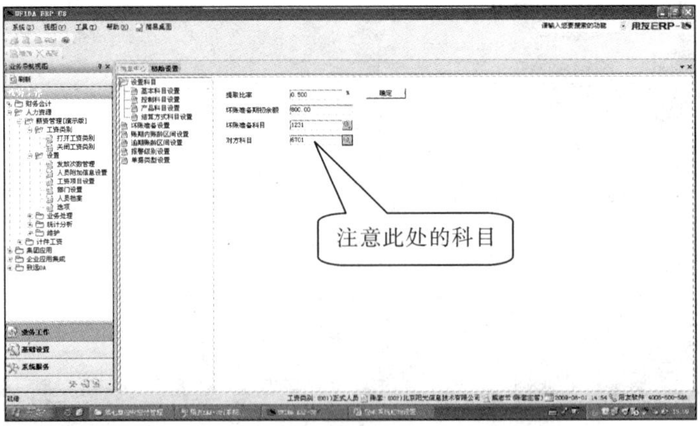

图5-38　操作界面38

如果出不了这个界面，则要在选项里面进行设置，按资料要求进行设置即可。

4. 账期内账龄区间及愈期账龄区间（见图 5-39、图 5-40）

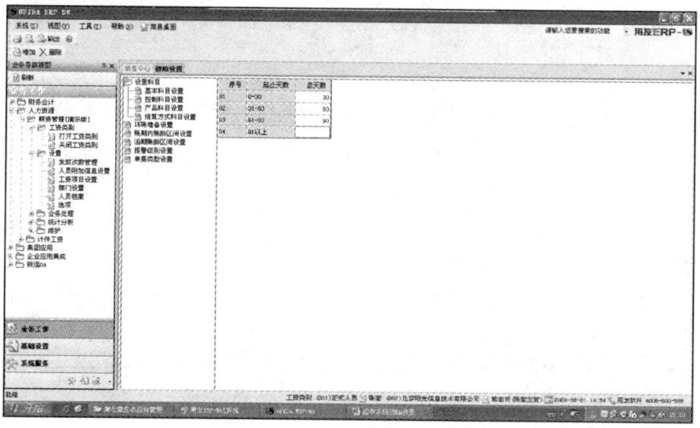

图 5-39　操作界面 39

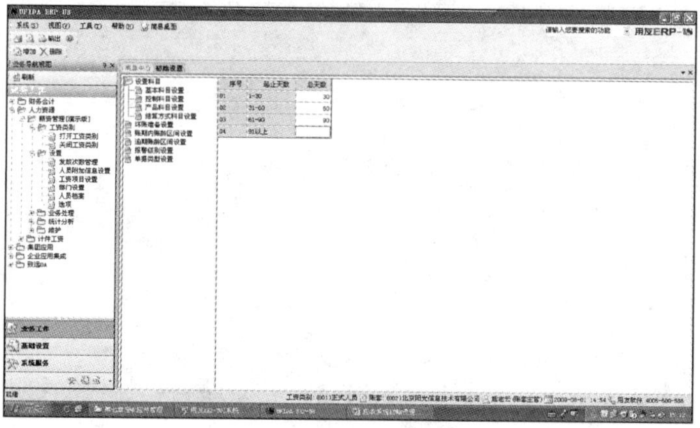

图 5-40　操作界面 40

（二）存货基础档案方面

1. 计量单位组

基础档案——存货——计量单位——分组——增加——填入要求内容

2. 计量单位（见图 5-41、图 5-42）

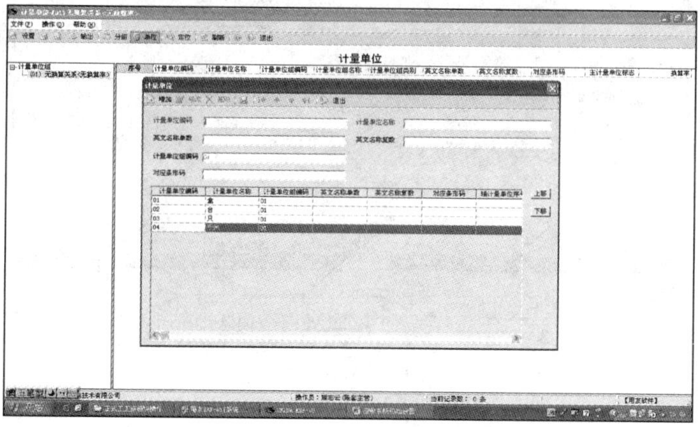

图 5-41　操作界面 41

图 5-42　操作界面 42

3. 存货分类（见图 5-43）

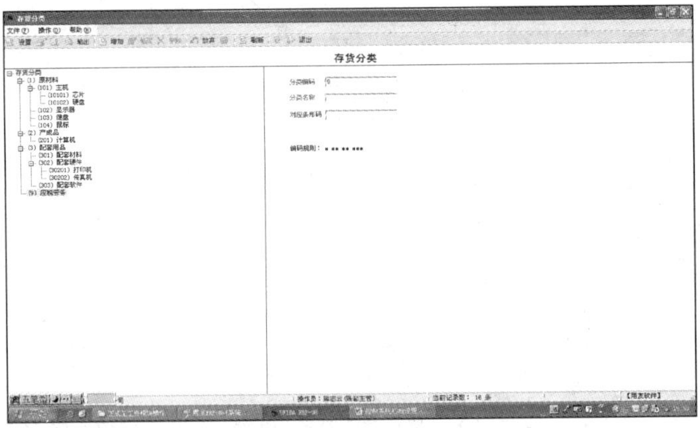

图 5-43　操作界面 43

4. 存货档案（见图 5-44）

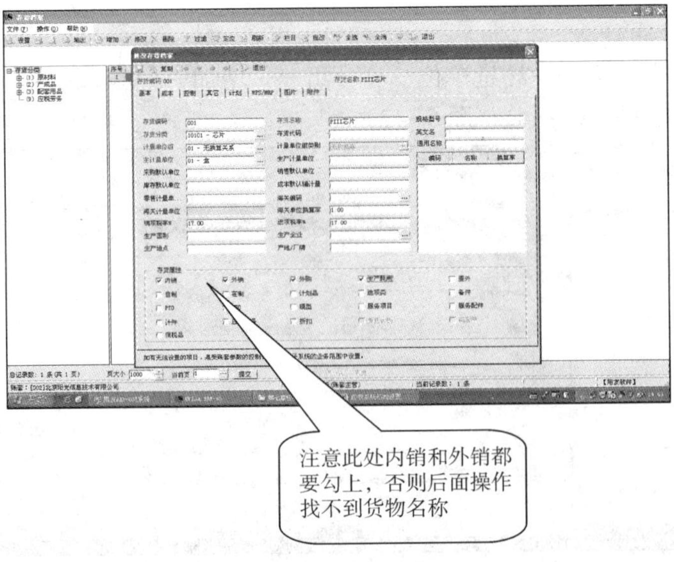

图 5-44　操作界面 44

（三）录入期初余额

应收系统管理——设置——期初余额——增加——确定（见图 5-45、图 5-46）：

图 5-45　操作界面 45

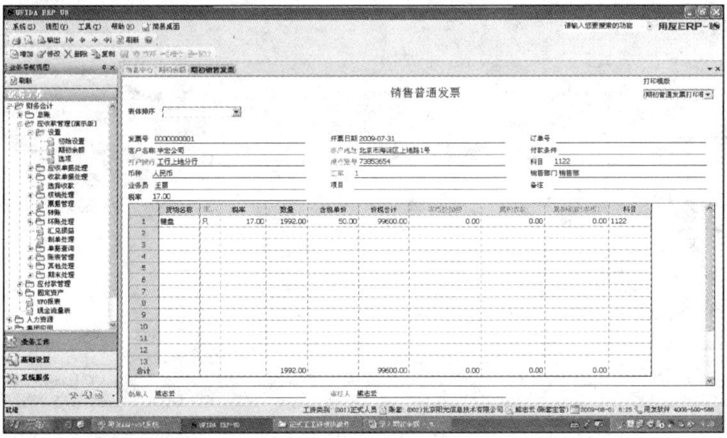

图 5-46　操作界面 46

增值税专用发票（见图 5-47）：

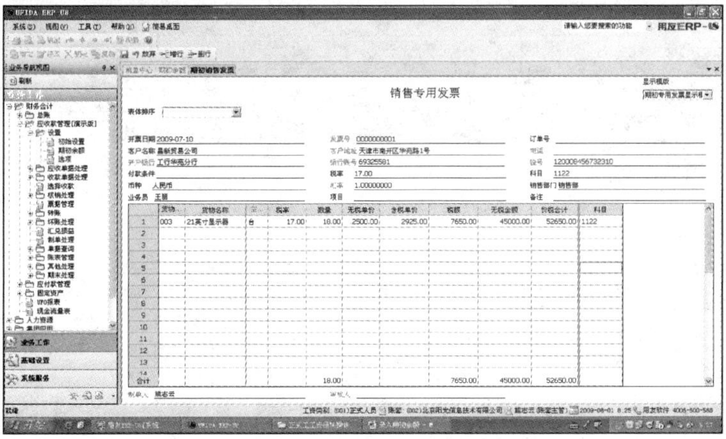

图 5-47　操作界面 47

其他应收单（见图 5-48、图 5-49）：

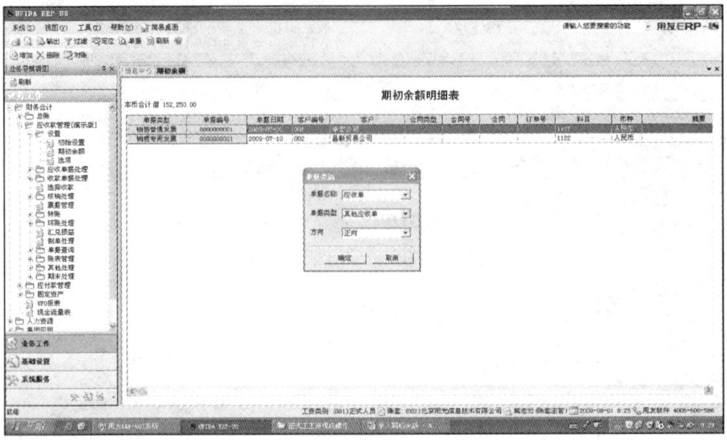

图 5-48　操作界面 48

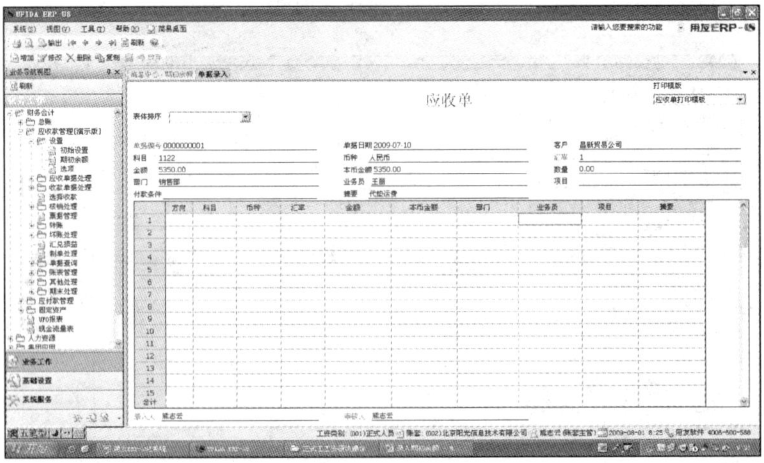

图 5-49　操作界面 49

对账结果（见图 5-50）：

图 5-50　操作界面 50

银行档案（见图 5-51）：

基础档案——收付结算——本单位开户银行

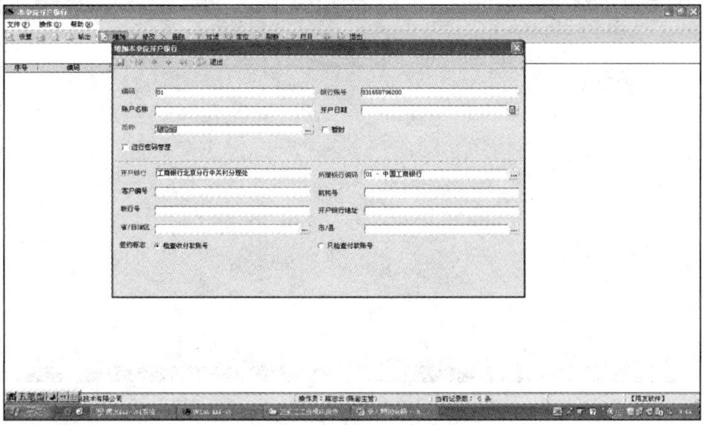

图 5-51　操作界面 51

（四）应收系统日常业务处理

销售类型设置（见图 5-52、图 5-53）：

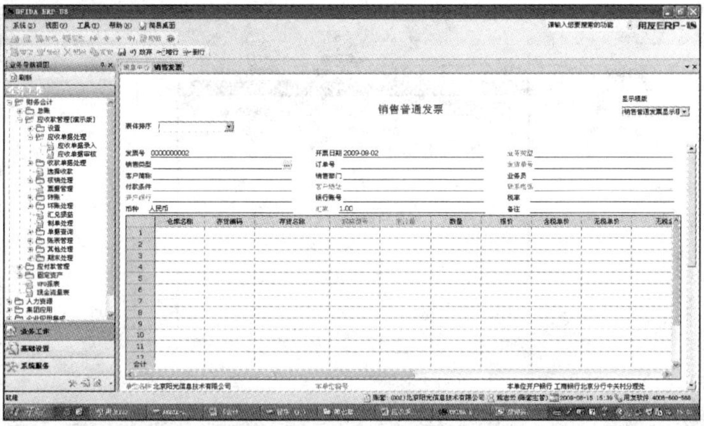

图 5-52　操作界面 52

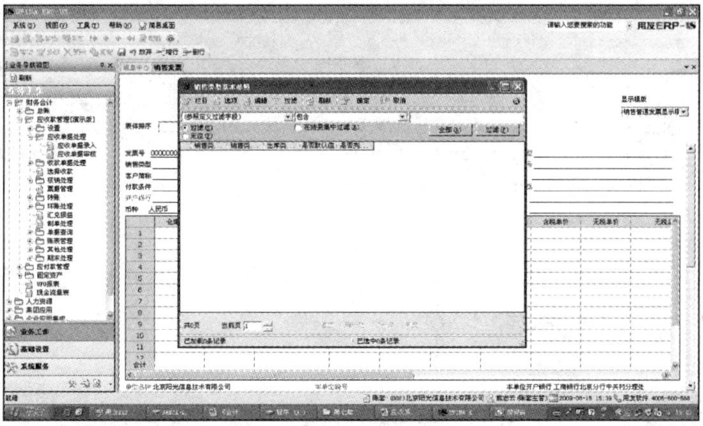

图 5-53　操作界面 53

点击“编辑”（见图 5-54）：

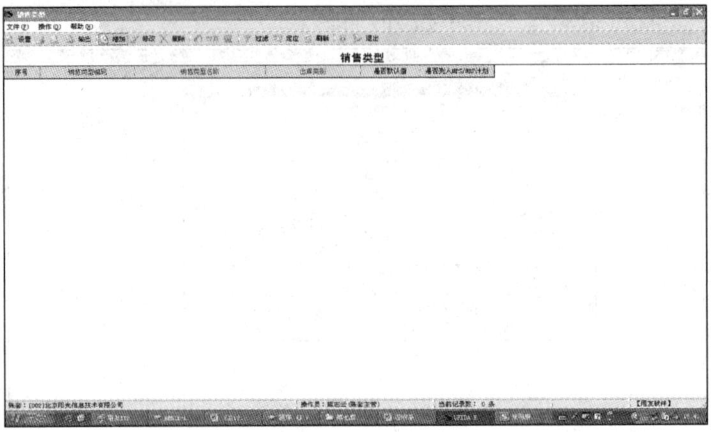

图 5-54　操作界面 54

输入要求资料的内容录入，当出库类别无法录入时，点击“出库类别”的参照图标——编辑——按实验要求资料内容录入即可（见图 5-55、图 5-56、图 5-57、图 5-58）。

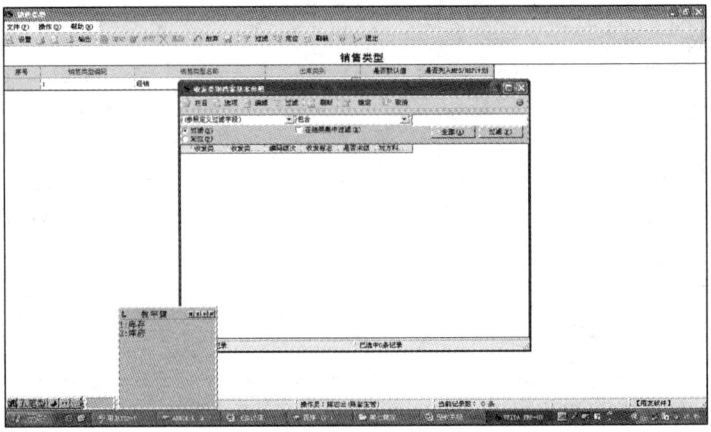

图 5-55　操作界面 55

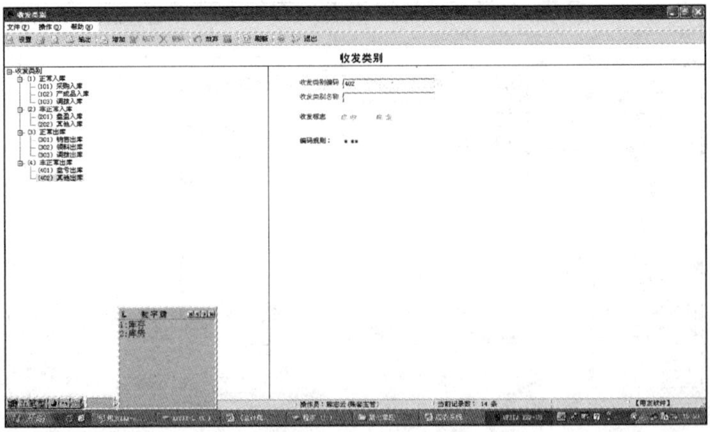

图 5-56　操作界面 56

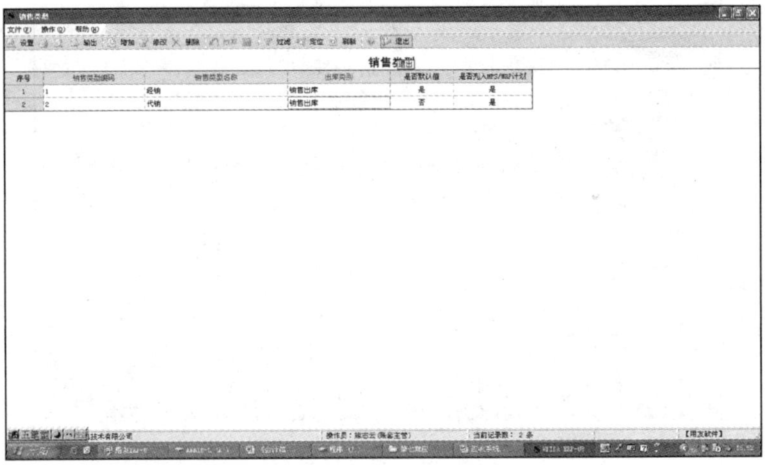

图 5-57　操作界面 57

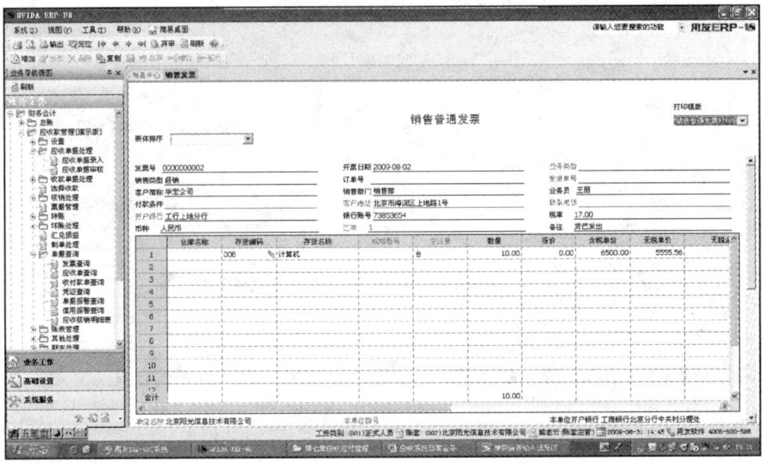

图 5-58　操作界面 58

核销的处理：

收款单据处理——收款单据录入——增加——录入下面内容——保存——审核——核销———保存

注意：

1、录入图 5-59 并保存之后，一定要审核，否则不能核销。

2、图 5-60“本次结算”栏内应填收到的款项，否则，也不能核销。

3、如果核销正确，则会出现图 5-61。

图 5-59　操作界面 59

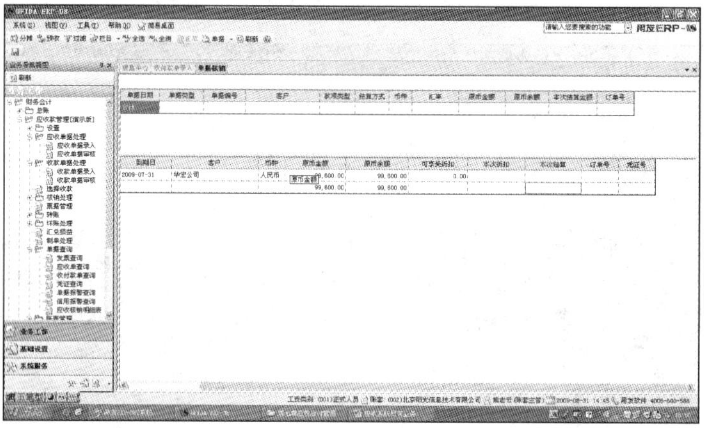

图 5-60　操作界面 60

全部核销应收款，剩余部分转为预收款，即客户给的钱超过应收款，超过部分转为预收款。核销完部分款项后，系统会出现一个对话框显示“剩余款项是否全部转为预收款”，选择“是”即可。

应收冲应收：转账——应收冲应收——按要求资料进行操作（见图 5-61）。

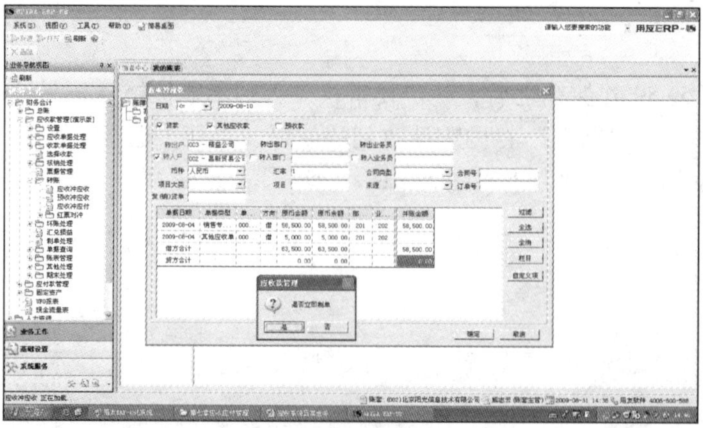

图 5-61　操作界面 61

预收冲应收：转账——预收冲应收——按要求资料进行操作（见图 5-62、图 5-63、图 5-64）。

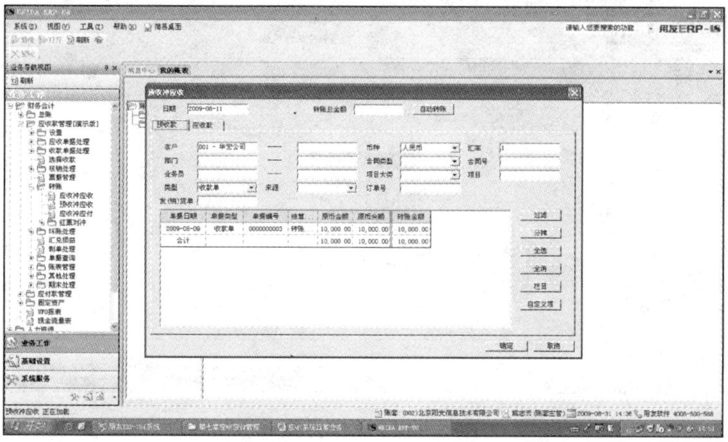

图 5-62　操作界面 62

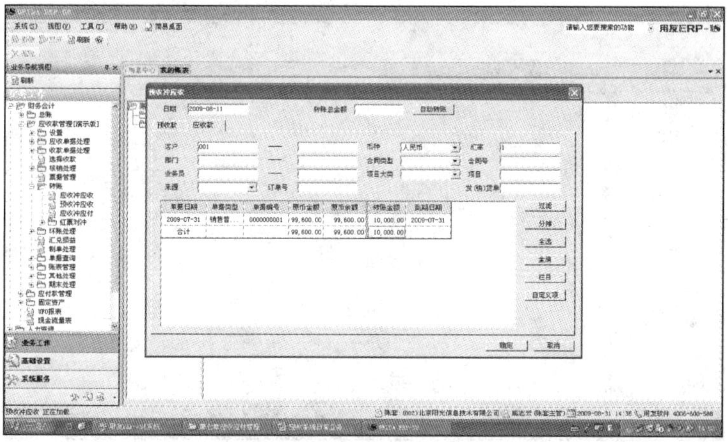

图 5-63　操作界面 63

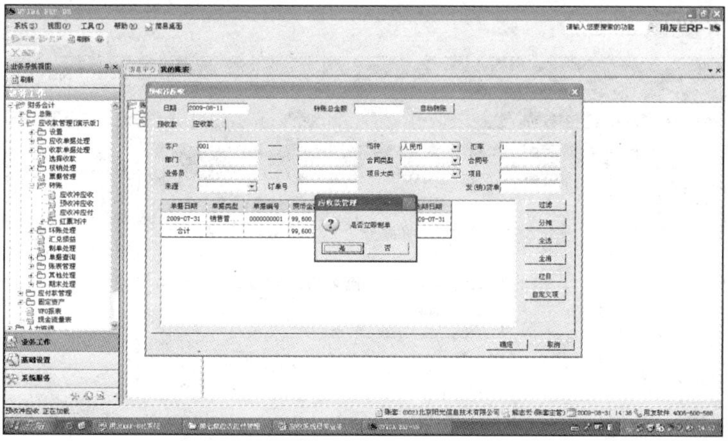

图 5-64　操作界面 64

发生坏账（见图 5-65）：

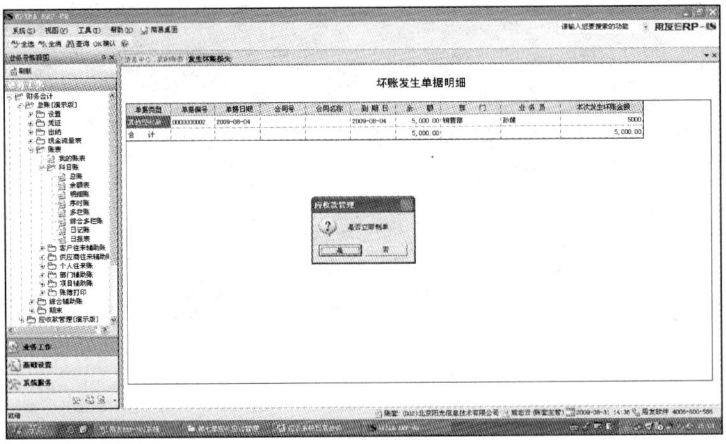

图 5-65　操作界面 65

计提坏账准备（见图 5-66）：

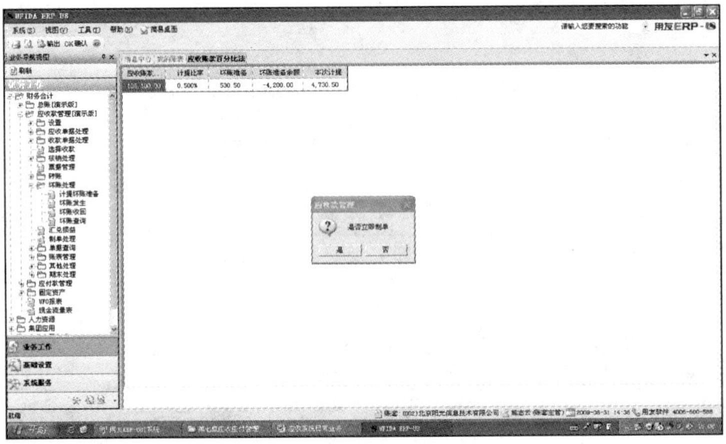

图 5-66　操作界面 66

批量制单（见图 5-67）：

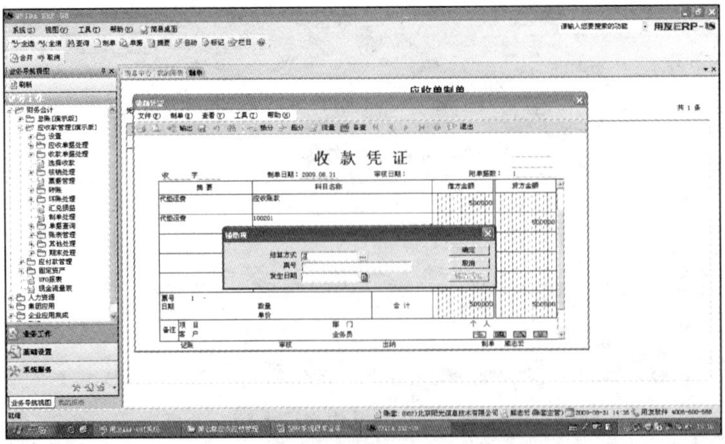

图 5-67　操作界面 67

特别注意：

1. 如果出现科目不可控，则基础档案的会计科目设置为客户往来，并且应收系统可控即可，再重新登录系统。

2. 取消核销、计提坏账准备、发生坏账等，需要点击“其他处理”，按提示进行。

3. 删除发票、应收单、收款单等，需先取消审核。

五、会计报表

注意事项：

1. 利用模板，资产负债表不平衡，主要检查总账的期间损益科目是否全部已结入本年利润科目，会计凭证是否已全部登记入账，待处理财产损益是否已结，制造费用是否结至生产成本，总账试算是否平衡；报表模板的公式设置的存货是否加了生产成本，末分配利润是否设置合理等。

2. 利用模板，现金流量表不出数字，主要检查关键字设置是否正确，库存现金和银行存款是否指定为现金流量科目，在填制凭证时是否设置正确的现金流量项目。

3. 利用模板，上面的设置都正确，但不出数字，主要是因为关键字设置不正确。